JN062020

〔第三版〕

公共性と市民

飯田 哲也・浜岡 政好 編

学文社

執筆者一覧

＊浜岡　　政好　佛教大学名誉教授（序章，第5章）
＊飯田　　哲也　京都舩岡塾塾長（第1章，終章）
　的場　　信樹　佛教大学教授（第2章）
　近藤　　敏夫　佛教大学教授（第3章）
　高橋　　伸一　佛教大学教授（第4章）
　堀　　　雅晴　立命館大学教授（第6章）

（執筆順，＊は編者）

はしがき

いまさらいうまでもないかもしれないが，新たな公共性の追求は現代日本社会にとっては焦眉の課題になっている。公共性というテーマについて考えてみると，これまでは政治や行政という分野で主として使われてきており，最近では「市場」といった経済との関連で考えるという動向が若干は認められるようになっている。しかし，そのようなマクロな社会分野だけではなく，いまやあらゆる生活・社会分野での検討が提起されているとともに具体的な実行が要請されているのが現在の日本社会の姿であると考えられる。そのような状況に対応して，これまでの公共性についての「通念」的な発想から抜け出して，社会学を軸とする公共性の追求が本書の基本的な性格である。

私たちは1年余りの研究会の論議を通して，これまでそれぞれの専門分野から直接論じたことのない社会・生活分野にも公共性が深くかかわっていることの認識を深めるとともに，「新しい公共性」の創造の必要性についてはほぼ合意できたのではないかと考えている。本書の取り組みと密接にかかわっているのは，京都の佛教大学で学部再編の一環として2004年度から社会学部のなかに公共政策学科が開設されることになったことである。新学科の開設にあたって，これまでは法学部や経済学部の学科と考えられていた「公共政策学科」を社会学部で開設することの意味についての合意形成を促進するために，2003年11月1日に，「地域・地方の住民の暮らしから『公共』のあり方を問い直す」というテーマで新学科開設記念シンポジウムが催された。先に指摘した「通念」から一歩踏み出して，人びとの暮らしに結びつけて取り上げる必要があるのではないか，というのがこのシンポジウムにおける基本的な問題提起である。ひるがえって考えてみると，佛教大学の教育理念の中心には「共生の思想」が掲げられており，社会学部に公共政策学科をおくことはそのような思想にも合致していると考えられるのである。

シンポジウムは，公共性を新たに問い直す必要性という問題提起に基づい

て，公共にかかわる地域の実態，NPO や NGO，少子化にともなう諸問題など
いくつかの視点から報告・論議がなされた。いわゆる大学人だけでなくジャー
ナリストや弁護士などの参加を得たこともこのシンポジウムの特徴といってよ
いであろう。このシンポジウムはなんらかの合意や結論を出すものではなく
て，そのような問い直しに基づく新たな追求の必要性の確認という性格のもの
であった。とはいうものの，そのような追求をどのように性格づけるか，そし
ていろいろな生活・社会分野で具体的に実行するかということはそれほど容易
ではない。すなわち，講義などの教育現場に加えて，地域・住民に役立つよう
な具体化は一朝一夕でできるものではないということである。

　さしあたっての第一歩として，佛教大学ではそのような追求のスタートとし
て「公共の哲学」という基礎科目がカリキュラムに組み込まれることになっ
た。「公共の哲学」という科目名ではあるが，一般にイメージされているよう
ないわゆる「哲学」ではないのであって，〈公共についていろいろな角度から
考えてみよう〉という性格の講義である。「公共の哲学」という講義科目を実
際に担当した編者両名が哲学を専門としていないことでもわかるように，新た
な公共性の追求という意義を学生だけでなく広く世に問うことが必要だという
ことを講義経験を通して痛感することが契機となって，本書の企画が考えられ
たのである。加えて，社会学部の教員ならば，専門のいかんにかかわらず多数
の教員がこのテーマに関心をもつとともに講義を担当することもできるように
なればよいという意図も込められている。具体的な研究だけでなく実際に講義
を担当し学生の反応に接することによって，その重要性に対する認識が深まる
であろうと思われるからである。

　社会学を軸とするこのような試みはこれまでなかったこと，本文でも示され
ているように「公共性」についての合意があまりないこと，そして自らの専門
分野では「公共性」と結びつけることをほとんど考えてこなかったことなどに
より，研究会による論議を重ねたとはいうものの，その具体化は困難をきわめ
た。加えて昨今の大学の現状も刊行予定を大幅に遅らせることになった。定年
退職ですでに「現役」をリタイアしている片方の編者の目を借りるならば，

「現役は忙しい」というのが実情である。おそらく日本のすべての分野でそうなのであろうが，大学教員の場合は一方では研究による執筆活動があるにもかかわらず，研究とは直接結び付かない行政業務・諸会議が激増しているのである。この「多忙さ」は，日本の教育・大学のあり方にかかわる問題であることを指摘だけしておこう。

　佛教大学という関西の一私立大学によるささやかな追求の試みに端を発して，本書のようなかたちでの「公共性」についての表明になったが，先に簡単に紹介したシンポジウムの狙いからすれば，具体化のスタートとして位置づく程度であろう。私たちは大学のテキストとして採用されることを望むとともに，そのような狭い範囲にとどまらず，社会学の分野で幅広く検討・論議されることをも私たちは望んでいる。これまで主に取り上げられていた政治・行政・経済といった分野にも私たちのような視点が念頭におかれるようになるならば，このテーマは学際的な性格の問題として，さらに発展することをも密かに期待している。したがって，そのようなスタンスをテキストの作成も含めて，他の科目さらには他の大学にも波及することを願っている。我田引水を承知でいえば，そのような波及が多少ともあるならば，日本社会・日本の大学の豊かな発展に資する意味で，望外の幸せといえよう。

　「新しい公共性」の創造という問題は，私たちのささやかな試みに示されているように，むずかしい専門的な論議・意見の必要性をいささかも否定するものではないが，誰でもが論議に参加できるような，具体的な現実や生活体験を根拠とした論議が巻き起こることを期待している。そのような意味で，私たちはあらゆる人びとからの批判・意見をぜひともお願いしたいと考えている。最後に，予定よりも大幅に遅れた原稿を辛抱強く待っていただいた学文社の皆様方に執筆者一同は心からお詫びとお礼を申し上げるとともに，今後の発展を祈念したい。

2009 年 2 月

　　　　　　　　　　「不祥事」の多発と「生活破壊」を憂慮しつつ

　　　　　　　　　　　　　　　　　　　　　　　　編　　者

第三版に寄せて

　第二版から 2 年しか経過していないが，この間に収入や雇用に関する統計データが新しくなったため，第三版では第 5 章を中心に若干の修正を加えた。第一版が出版された 2009 年の状況と基本的に大きな変化はみられないが，徐々に格差が広がる方向である。貧困層世帯の増加は現代日本の大きな問題である。この問題に対処しえるよう，新しい公共性の考え方がますます必要とされている。

筆者一同

2020 年 2 月

目　　次

序章 「公共」を考える

浜岡 政好

はじめに―なぜ，今，「公共」が問題になるのか

　日本語の公や公共という言葉や文字を聞いたり，目にしたときに，私たちには何が思い浮かぶであろうか。例えば，公平，公正，公務員，公用車，公開，公道，公衆電話，公園，公文書，公式，公卿，公家，公爵，菅原道真公，主人公，忠犬ハチ公，公共交通，公共事業，公共職業安定所，地方公共団体，公共投資，公共放送，公共料金など公や公共をつけた言葉はいろいろある。これらの公や公共という言葉が全体として日本の社会で暮らす人びとに与えるイメージには，一部を除けば私たちの生活に上からさまざまな縛りをかけてくる行政や国家，偉い人など何か堅苦しくていかめしいものと感じることが多いのではないだろうか。

　こうした私たちの公や公共という言葉に対する感じ方は，日本語辞典にも色濃く反映している。代表的な日本語辞典の『広辞苑』（岩波書店）で，公や公共の字を引いてみよう。公という言葉は，① 偏りのないこと，② おおやけ，朝廷，官府，国家，③ 社会，世間または衆人，④ 広く一般に通じること，⑤ 主君，諸侯，貴人，⑥ 5 等爵の第一位，⑦ 昔の大臣の称，又は大臣になった人の敬称，⑧ 公家を継いだ皇族待遇者，⑨ 貴人などへの敬称，⑩ 名前などの下につけ親しみやさげすみの意をあらわすなどとなっている。公という言葉を「こう」と読むか，「おおやけ」と読むかで多少のニュアンスの違いはあるが，いずれにしても日本語の公という言葉には，朝廷や国家，主君，諸侯，貴族の

1

称号，大臣など国家や権力者の意味合いが非常に強く出ている。また公共という言葉も「社会一般，おおやけ」となっており，公と同じ意味と説明されている。

　こうした公や公共という言葉に対する日本語の意味合い，日本での受け止められ方は万国共通かといえば，どうもそうではないらしい。例えば，日本語の公や公共にあたる英語の public は日本語とはずいぶん肌合いの違う意味合いをもっている。

　『LONGMAN 現代英英辞典』の public の説明は，① ordinary people，② for anyone，③ government，④ known about，⑤ not hidden，⑥ place with a lot of people，⑦ public life などとなっており，日本語の公や公共と同じように，政府や公務員生活などの意味もあるが，ベースにあるのは普通の人，誰にでも開かれている，誰でも使えるなどの意味である。つまり，public は，普通の人によって構成される社会のすべてのメンバーにかかわることなのである。

　日本語の公や公共からイメージされる国家や権力，「エライ」さんたちの世界とはまったく反対になっている。日本語の公や公共と英語の public がこれほど違うということをまず押さえておいたうえで，日本における公や公共を考える必要がある。日本語の公や公共には，この言葉がこれまで日本の社会のなかでどのように用いられてきたかという公や公共の歴史を写しだしているのである。そのことは後で詳しく述べることにしよう。そうした日本の社会における公や公共の歴史をふまえて今日における公や公共を考える必要があると思う。

　ところで，今，なぜ日本の社会であらためて公や公共を問題にすることが必要となっているのであろうか。それは日本における公や公共をめぐる社会状況が，これまでの日本語の公や公共の意味とズレ始め，これまでの公や公共という言葉の使い方ではうまく捉えたり，説明したりできにくくなってきているからである。例えば，これまで公や公共という立場はほとんど国家や地方自治体などに独占され，それら行政等が行なう仕事がそのまま公や公共とされてきた。しかし，1980年代以降，従来行政などが行なっていた仕事を「民間活力」

の活用などといって私企業に転換させたり，私企業に任せたりする状況が広がってきている。

　こうした動きは欧米ではプライバタイゼーションとよばれている。「民営化」という日本語では行政などが行なっていた仕事を，民間が経営する営利企業や非営利の事業体に転換させることを意味している。この「民営化」という言葉は非営利の事業体まで含んでいるのでプライバタイゼーション＝私企業化の中心的なねらいが営利企業化であることがあいまいになるが，例えば公的企業であった「国鉄」や「電電公社」などを私企業の「JR」や「NTT」にして，公益ではなく利潤追求をめざす私企業へと転換させることである。また公共的な仕事として，これまで公共職業安定所や学校だけにしか許されていなかった職業紹介を私企業などにも門戸を開放したことなども同じ流れである。このように，これまでの公や公共という言葉の使い方やイメージでは説明の付けにくいことが増えている。

　他方で，公や公共という言葉の対語として用いられてきた「私」（し，わたくし）という言葉についても，言葉とその内容のズレがでてきており，見直しを迫るものとなっている。このことはこれまで私的な世界の出来事として扱われてきた個人間の争いや家庭内の問題などについて，私的な出来事として放っておくのではなく，公的な問題として公的な介入（ストーカー規制法，DV防止法など）が正当化されるようになってきたことなどにもあらわれている。また2002年に制定された健康増進法では，国民の責務として，「国民は，健康な生活習慣の重要性に対する関心と理解を深め，生涯にわたって，自らの健康状態を自覚するとともに，健康の増進に努めなければならない」と謳っている。ここでは，飲酒や喫煙などのように個々人のライフスタイルや嗜好などとしてこれまで私的な世界での私的な自由と考えられてきたことが公的な義務とされるようになってきていることを示している。このように「私」の世界もまた揺らいでいる。

　ところで，これまで日本語においては公と公共はほとんど区別されることなく同じ意味として使用されてきたが，これについても疑問が出てきている。前

記の『広辞苑』の「私」の項目は，「① 個人の一身・一家に関すること，わたくし，② 個人的な利益をはかること，わたくしすること，③ 公に認められないこと，ないしょごと，秘密」などとなっている。ここでは「私」という言葉は公や公共と対立し，自分のことしか考えない，また表沙汰にはできにくいことなど，公や公共に比べて価値的に劣るかのような説明になっている。

　このような「私」についての説明からは，公や公共を担う存在としての「私」であるとか，また私的な活動が公や公共につながるというイメージは出てきにくい。上から人びとを押さえつける権力的な「公＝公共」ではなく，またそうした「公＝公共」からの圧力を防ぎ，そこから距離をおいてもっぱら個人の生活を楽しむ非公的，非公共的な「私」でもなく，両者をつなぐ第三の領域として公共を想定して，従来の公と私の関係をダイナミックに作り替えたいとする考えが生まれている。こうした考えでは，「公＝公共」⇔私という関係ではなく，「公」⇔「公共」⇔「私」というように，「公」と「公共」を区分して，「公共」という言葉を公と私をつなぐ第三の領域として位置づけようとしている。

　このように公共を従来の権力的な公から切り離して，「私」のなかにある共同的・公的な志向を受けとめて公的な世界へと転換させるものとして，「新しい公共」が構想されているのである。このように「新しい公共」を考えることによって，「私」の世界においても公共に通じる新しい「私」が誕生することになるだろう。

　このように，今日の日本では公と公共と私をめぐる関係が大きく変化してきている。以下では，まず京都の景観問題を手がかりにして今日の日本社会が直面している「公」と「公共」と「私」の問題について考えてみることにする。なぜ，景観問題なのかといえば，それは景観が新しい「公共」の問題として浮上してきているからである。また，なぜ，京都の景観問題なのかといえば，歴史都市・京都は景観問題についてきわめて敏感に反応する都市であり，景観問題と「公共」とのかかわりについて多くの考える材料を提供してくれるからである。

1. 公と公共と私をめぐる現代的状況

▼ 歴史都市・京都と景観問題

今，全国各地で「良好な景観」を守ったり，新たに創ったりする動きが高まっている。こうした動きを受けて，国は 2004 年 6 月に初の総合的な景観に関する法律「景観法」を制定した。この法律では，基本理念として，「良好な景観は，美しく風格のある国土の形成と潤いのある豊かな生活環境の創造に不可欠」であり，それを「国民共通の資産」として，「現在及び将来の国民がその恵沢を享受できるよう，その整備及び保全」を図ることを掲げている。

具体的には，景観計画の策定，計画区域，景観地区等における良好な景観の形成のための規制，景観整備機構による支援等を行なうことなどが盛りこまれている。また「良好な景観」を保全したり，創出する責任が国や地方自治体などの行政＝公だけでなく，民間の事業者や住民などの「私」にもあることが謳われている。

こうした景観に対する関心の国民的な高まりを背景に，高度経済成長期以降，景観問題をめぐって激しい論争・運動が繰り広げられてきた京都においても新しい動きが起こった。京都市は 2005 年 7 月に「時を超え光り輝く京都の景観づくり～歴史都市・京都にふさわしい京都の景観のあり方～」について審議会に諮問し，翌 2006 年 11 月には抜本的な新景観政策の実施を求めた最終答申が出された。京都市ではこの答申をふまえて，2007 年 3 月に「京都市眺望景観創生条例」を制定し，同年 9 月から新景観計画を実施している。

こうした国の景観法の制定や京都市における新景観政策などは，今日における公と公共と私のあり方を象徴的に示す出来事であると思われる。それは地域における「良好な景観」の維持や創出が公共的な政策課題であることを宣言しただけでなく，その公共的目標を達成する活動の担い手として，行政だけでなく，これまで私的な存在とされてきた民間企業や住民を想定しているからである。そこで，ここでは京都市における景観問題の推移や新たな景観政策を材料

5

にして，「公」と「公共」と「私」をめぐって現在どのような状況にあり，そこにどのような課題があるか検討することにしよう。

　平安京から続く歴史都市・京都では，第2次世界大戦後何度も市民レベルで景観論争が起こり，地域開発にかかわるさまざまな利害関係者や行政，市民だけでなく市外の京都の景観に思いを寄せる人びとをも巻き込んで激しい論争や運動が行われてきた。その初めは1964年12月に開業した京都駅前の131メートルの「京都タワー」をめぐる論争と市民運動であった。このタワーは，ビル（31メートル）の屋上に100メートルのタワーをつくり，京都の新しい観光スポットしようとしたものであったが，構想が発表されるや「応仁の乱以来の京都の破壊」「卑俗な観光塔」「お東さんを見下ろすなんて恐れ多い」など市民などから厳しい批判が続出した。これは第1次景観論争とよばれるものであるが，その後も，京都においては景観をめぐる開発と保存の激しい対立が続いた。

　90年代に入ると，京都ホテルとJR京都駅の高層ビルへの改築をめぐって再び景観問題がもちあがった。京都ホテルの改築は，1988年に京都市が導入した「総合設計制度」（敷地内に一定の公開空地をつくれば，建物の高さ制限を緩和する制度）を使って，ホテルを高さ60メートルに高層化しようとするものであった。また，京都駅ビルの改築に対して，市は「特定街区制度」を適用して高さ制限を緩和し，60メートルの高層化を可能にした。こうした高層化への動きに対して，「のっぽビル反対市民連合」（京都ホテルとJR京都駅の高層化に反対する市民連合）や京都仏教会などの市民団体や個人から猛反対が起こった。これがいわゆる第2次景観論争である。

　この第2次景観論争は，最終的には京都ホテルが1994年に，また京都駅ビルが1997年に高層ビルとして新装開業したことから，市民の高層化反対の運動は実らなかった。しかし，景観問題を多くの市民に浸透させ，その後の市の景観行政やまちづくりのあり方に大きな影響を与えた。この高層化反対の第2次景観論争以降，都心部へのマンション建設ラッシュなどもあって町家や街並みなど身近な京都らしい景観の保全や活用への市民的関心が急速に高まってい

った。そして市民の日常生活を通して景観・環境問題を受け止め，「まちづくり委員会」など地域の共同の力によって「良好な景観」を守っていく動きが広がっていった。

　こうしたなかで鴨川架橋「ポン・デ・ザール（芸術橋）」計画（1996 年 11 月）が新たな景観問題として持ち上がった。このパリの芸術橋の鴨川架橋計画は，発表されると内外からの反対運動が短時日のうちに盛り上がり，京都市は建設手続きを進めたにもかかわらず，計画の白紙撤回（1998 年 8 月）に追い込まれた。市民の運動が，景観にマイナスの影響をもたらしかねない行政の公共事業を変更させたのである。これは，多くの市民に景観問題が公共的なものとして明確に位置づけられ，その結果，下からの市民の公共が上からの行政の公に勝った画期的な出来事であった。

▼ 京都市の新景観政策と公共性

　このような市民の動きが 2005 年以降の新景観政策をもたらすことになる。京都市の新景観政策を求めた審議会の最終答申や新条例，新計画に示されている抜本的な新景観政策はどのような内容になっており，また今日の公共を考える上でどのような問題を提起しているのであろうか。

　新景観政策は，政策の対象である京都の景観を「京都特有の自然環境のなかで伝統として受け継がれてきた都の文化と町衆による生活文化とが色濃く映し出されているものであり，日々の暮らしや生業等の都市の営みを通じて，京都独特の品格と風情が醸し出されてきたもの」であり，また「視覚的な眺めだけでなく，光，風，音，香りなど五感で感じられるもの全てが調和し，更には，背景に潜む永い歴史と人びとの心のなかに意識されてきた感性や心象も含めて捉えられ，永らく守るべきもの」としている（最終答申）。

　また新景観政策は，こうした京都の伝統文化を伝える重要な景観資源が，「個人の価値観や生活様式の変化，偏った経済性・効率性の追求などの時代の流れに抗いきれず」，次つぎに失われ，変容し，「危機的状況にある」と現状診断している。その上で「京都の美しい景観」は京都市民だけでなく，国民の貴

重な「公共の財産」であり，「世界の宝」であり，「歴史都市・京都の優れた景観を守り，未来の世代に継承することは，現代に生きる私達一人一人の使命であり責務」であるとする。

このような「京都の美しい景観」のもつ価値の強調は，京都市民以外の人びとからすると，多少自己愛が強すぎると受けとめられるかもしれない。しかし，京都市民が自分たちの地域の景観を誇り，その好ましく思っている景観の保持・継承を自分たち市民一人ひとりの使命や責務であると自覚しているとすれば，景観という問題に限定されているとはいえ，これまでとは違った公共や私のあり方，すなわち，私である市民一人ひとりの自発的・自覚的共同によって公共を担うという市民合意ができあがりつつあることを示すものであり，注目すべきことであろう。

新景観政策では，景観の形成にあたっては「行政，市民，事業者等のパートナーシップ」が重視されており，「"公共の財産"としての景観に対する意識の醸成や共同体における価値観の共有を促進するとともに，景観形成への参加・協力により，市民，事業者，行政等のあらゆる主体が，京都の景観の価値をあらためて認識し，それぞれの役割を踏まえた一体となって取り組む」としている。

▼ 景観は誰のものか

ところで国の景観法も京都市の新景観政策も「良好な景観」や「美しい景観」は「国民共通の資産」であるとか，「公共の財産」であるとしている。特定の景観が「良好」であるかどうか，「美しい」かどうかなどの美醜の判断は個々人の好みが入るので，何を「良好」とするか，何を「美しい」とするかについての共通の基準づくりはなかなかむずかしい。また他方で，特に「良好」でもなく，「美し」くもない普通の景観は，景観を構成する建築物，工作物，屋外広告物，緑地等の所有者が「私有財産」として勝手に扱ってもよいのか，保全しなくてもよいのかという疑問もある。さらに普通の景観とされれば，行政などが公共事業などによって勝手に変えても良いのかという問題もある。

　したがって景観が「良好」か，「美しい」か，「平凡」かは別にして，少なくともこれまでの景観を変更するような状況においては，功利的な視点からだけでなく景観という要素を入れて多様な関係者の合意を得るようにすることが求められるであろう。

　ところで，そもそも地域の景観が公共性をもっているとは，どういうことなのだろうか。景観の形成のされ方，その景観物の構成からわかることは，私的，または公的な人工物，自然などの集合としての景観は誰か特定の者が創ったというよりは，過去から現在に至る多数の人びとの営みの集積である。その意味では景観は共同でつくり，維持している共有財産であるといえるだろう。とはいえ，少し時代を遡ればわかるように，街並みのあり方や住まい方は権力者によって厳しく規制されており，したがって景観が私的なものなどの集合という性質は今日よりはずっと少なかったと思われる。

　身分的な規制などが外され，人びとが自由に私的活動を行なうことができるようになってはじめて，景観は共同でつくる共有財産，公共の財産という性質を強めてきたのである。権力者によって上からつくられ，その「美観」の維持が上から強制されるかぎり，たとえそれが「美しい」景観であったとしてもけっして共有財産や公共の財産ではなく，規模の大きな権力者の単なる私的な・個人的な景観であるというしかないだろう。今日のように，市民一人ひとりが公共の財産である「良好な」景観をつくり維持するために，ルールをつくって私的な活動領域を自己規制したり，また景観維持に積極的に活動するようになってはじめて景観は公共化するということができる。

　また景観を楽しむという側面から景観の公共性を考えることもできる。地域の景観を楽しむことはその「良好」な景観をつくってきた人びとにのみ限定されるわけではなく，その地域に住む人，訪れる人などすべての人に開かれている。その意味で景観はまさに「公共の財産」なのである。しかし，ここでも正確には「公共の財産」化してきたというべきであろう。特定の場所への出入りが制限され，景観を楽しむことが一部の権力者や富裕者の特権であった時代もある。近代になり，民主化が進むにつれて景観が少しずつ多くの市民に解放さ

れ，現代のように景観がすべての人びとに開かれた「公共の財産」になってきたのである。こうして今日，景観は共同の営みよってつくられ，それを楽しむことがすべての人びとに開かれた「公共の財産」となっているのである。

このように景観はそのつくられ方，保全のされ方，楽しみ方のそれぞれの面からみて，誰か特定の人の独占物ではなく，すべての人によってつくられ，保全され，楽しまれる「公共の財産」であるということができる。しかし，景観が「公共の財産」であるというだけでは「良好な」景観は維持されない。それはすでに京都市の景観論争の経過でみたように，京都のようなブランド化された歴史的・自然的景観でさえ危機的状況になっていることからもわかる。そこであらためてみんなのものである景観に対して「景観は誰のものか」という問いかけが必要となる。

みんなのものであるはずの景観に対する評価も，立場が異なれば違ったものになる。例えば，旅行者（観光客）は，当然他ではみることのできないその地域の珍しい景観に惹かれるであろう。他方，その地域に住み生活している市民は，なるべく快適な生活を求めて珍しい景観を維持するための規制などを嫌がることもある。京都市における景観論争の経過をみればわかるように，企業経営者は景観よりも土地の効率的利用や事業の利益を優先させる傾向があり，また行政も景観より地域の経済活性化や国際親善を優先させたりする。では，景観をめぐる多様な関係者のうち，誰の立場にたって景観を評価すべきなのであろうか。

「景観は誰のものか」という問いは，誰が景観を維持し創出するかという問いと連動している。日々，景観を維持し，創出するのはその地域に住み生活している市民である。この「生活者・歩行者としての市民」がどのように考え，日々行動するかによって「良好な景観」が維持されたり，創出されたりする。またこの市民が便利で快適な生活を優先させ景観に対する配慮を欠くとたちまち景観は悪化するであろう。つまり，「公共の財産」としての景観は，日々の暮らしを営む市民がその「良好さ」を主体的に保っていくなかでしか維持されないのである。このように「生活者・歩行者としての市民」が「良好な」景観

をつくり，維持し，楽しむということのなかに，私的な生活者としての市民が，私的生活領域において公共性をつくり出したり，担ったりする姿をみることができる。

▼ 景観をめぐる私と私，公と私の対立と新しい公共

公共という視点から，景観問題をもう一度振り返ってみよう。京都における第1次，第2次の景観論争では，私的な土地を最大限に経済的に活用しようとする企業などの法人市民に対して，馴染んだ景観を損なわせまいとする生活者としての市民や「良好」な景観を事業に生かしている事業者（観光業者など）が，行政＝公に対して公権力を行使して現状の変更を辞めさせようとしたものである。「ポン・デ・ザール（芸術橋）」計画では，民間企業ではなく行政が景観変更の主体であった。いずれにしても，景観の現状変更を望まない生活者としての市民など私が，行政＝公に働きかけて景観を保全しようとしてきたのである。

これまでの景観保全のやり方は，民間企業や行政による景観変更の具体的な動きが始められた後に，行政に働きかけて公権力によりストップをかけさせるという方法であった。これは公権力による私権の制限という面をもっているが，これには「公共の福祉」に役立つかどうかという厳格な歯止めがかけられている。それは，公権力が私的な活動に対してむやみに規制を欠け介入するのは自由な市民生活の保障ということからは望ましくないからである。京都のような歴史都市においてさえ，景観保全ということでの私権の制限は，特定の場所など点や部分に限られていた。その結果，京都市民にとってだけでなく国民の貴重な「公共の財産」である「京都の美しい景観」が損なわれることになったのである。

今回の京都市の新環境政策においては，公＝行政の側がこれまでとは違って積極的に，「京都の美しい景観」を「公共の財産」と認定して，「市街地の建築物の高さやデザイン，屋外広告物の面積や色を規制し，世界遺産など特定の場所からの眺望を乱す建築物にも規制の網をかぶせる国内でも例のない」政策を

11

打ち出した。これまでとは比較にならないくらい市民生活や営業活動などの私権を規制することになる。すでに不動産業者や広告業界，高層マンションの住民などから不満や不安が出てきている。こうした景観をめぐる公と私の構図は，これまで通り公共財である景観を保全するために，公＝行政が市民の私権を制限するという枠組みで理解することもできる。

　しかし，今回の新景観政策に対する市民の反応はこれまでとはずいぶん違ったものになっている。京都新聞社の世論調査では，高さなどの規制に「賛成」が８割，自分も規制を「受け入れる」とする者が７割を超えているという。市民自身が，自らの私的な権利の行使を自己抑制することで「良好」な景観を保全しようとしているのである。このように，市民のなかに自主規制をしても「良好」な景観を保全しようとする意識が高まったのは，90年代後半以降のまちづくりの変化の過程で，景観の変更者に対する批判や反対だけではなく，「まちづくり委員会」などの地域の共同の力によって地域社会の維持や景観の保全を下からつくっていこうとする活動が活発になったからである。

　こうした景観に対する市民の動きを公共の事柄を公＝行政に任せきりにするのではなく，生活者としての市民が共同して，また行政と協働して，公共を担ったり，創り出していく姿として，また新しい公共の担い手としての市民の登場として理解することはできないであろうか。

　新景観政策の策定から10余年が経過した。この間，京都では看板条例で京都の景観が一定改善されたとの評価がなされる一方で，新たな開発をめぐる景観問題が浮上し，第３次景観論争ともいうべき状況が起こっている。ゲストハウスの急増や旧小学校跡地のホテル化問題などインバウンド政策推進の中での宿泊施設の急速整備に伴ういわゆる「観光公害」や世界遺産の寺社周辺での開発やJR京都駅周辺の大規模再開発など空前の景観の変化が起こっている。この変化は単なる視覚的な眺望の変化にとどまらず，前記審議会の最終答申で定義された「日々の暮らしや生業等の都市の営みを通じて，京都独特の品格と風情が醸し出されてきた」景観や「光，風，音，香りなど五感で感じられるもの全てが調和し，更には，背景に潜む永い歴史と人々の心の中に意識されてきた

感性や心象」といった景観を大きく変化させ，再度，これまでとは質の異なる景観問題を生起させている。

　期待されている新たな公共の担い手としての市民がこれらの問題にどう対応するか見守りたい。

2.「公」と「オオヤケ」の日本史

　日本語の「公」や「公共」と英語の「パブリック」がずいぶん違いことについてはすでに述べたが，日本におけるこの言葉の用いられ方は，これまでの日本社会での公や公共のあり方を強く反映したものである。しかし，今日，日本社会における公のあり方をつくってきた社会・経済・文化的状況は大きく変わってきている。そのことがこれまでの「公」や「公共」という言葉の使われ方に違和感をもたらし，その見直しを迫っているのである。とはいえ，他方において，これまでの公や公共の背後にあった諸条件が完全に消滅しているわけではなく，そのために今でも一定の影響力を持ち続けているという見方もある。

　そこでこれまでの公や公共のあり方を見直すために，日本の社会においてこれまで公や公共がどのように用いられてきたのか，その背後にあった社会・経済・文化的諸条件を含めてその歴史を振り返ってみることにする。

▼ 公と私の重層的な関係

　まず「公」（こう，おおやけ）であるが，これまでの研究によると，中国語の「コン（公）・スー（私）」という言葉が古代の日本に受け入れられる時に，「コン（公）」は「オオヤケ」「オホホヤケ」というヤマト言葉を当てはめ，他方，「スー（私）」には適当なヤマト言葉がなかったので「私（ワタクシ）という語源未詳の新しい言葉を当てはめたのではないかと推測されている。「公」のヤマト言葉への翻訳語としての「オオヤケ」とは，大きなヤケ，すなわち豪族の屋敷である「宅」「家」を指している。この大豪族の大きなヤケである「オオヤケ」は小豪族の小さなヤケ「ヲヤケ」と一対の言葉で，「オオヤケ」と「ヲ

13

ヤケ」は力関係によって上下に重なっていた。

　8世紀に律令国家が成立する過程で，それまでの「オオヤケ」＝大豪族と「ヲヤケ」＝小豪族という関係が，公（オオヤケ）－私（ワタクシ）」の関係へと転換したものと考えられている。大－小関係から公－私関係への転換である。つまり，それまで豪族の間での大きな力をもつ者と小さな力しかもたない者という関係が，大きな力をもつ者が公（オオヤケ）という特別の立場を手に入れ，小さな力しかもたない豪族は私的な存在へとなっていったのである。こうして国家やこれを担う貴族層に関連する用語として，「公」という言葉が用いられるようになったと思われる。

　8世紀半ばの大化の改新の「公地公民」によってすべての土地や人民は国家に属するものとされ，班田収授制のもとに国家の土地（公地）が公民に口分田として支給され，その代わりに租・庸・調などを負担させたことはよく知られている。このように律令制度が確立するなかで，広く国家的関係を公とする意識が生まれ，公（国家）－公地－公民という仕組みができあがる。しかし，三世一身の法や墾田永年私財法などにみられるように，耕地を増やすために徐々に私有地を認める動きが広がっていった。これはやがて荘園などの私有地となるのであるが，このように国家的関係（公地・公民）の外側に「私」（荘園などの私領）が拡大していったのである。

　こうして「公（オオヤケ）」のそれぞれの段階に「私」（私領）を付着させた仕組みができあがっていった。その後の私有地である荘園の歴史のなかに日本における公と私の特有の関係性を見ることができる。すなわち，有力な貴族や寺社は公（国家）のなかに位置を確保しながら，開墾によって私有地（荘園）を広げ，また地方の豪族たちは自らの荘園を中央の貴族などに寄進して公（国家）による介入を防ごうとした。このように公を拠点にして私が拡大するが，私は公を離れては存在せず，また公の世界に私が癒着し不断に侵入するような関係ができあがったのである。

　また日本の公私関係を，江戸時代の将軍家，大名家，家臣の家，庶民の家など関係によって捉えようとする見方もある。そこでの「おおやけ－わたくし」

の関係はあくまで相対的なものであって，例えば，大名家からみれば，上の将軍家が「おおやけ」で自分のことはへりくだって「わたくし」とよぶような公私の関係があったとされる。また大名家の家臣の家から見れば，大名家は「おおやけ」で，自らの家は「わたくし」となり，庶民の家から見れば大名家の家臣の家が「おおやけ」となり自分の家は「わたくし」となる。こうした公私の関係からすれば，下位にあるものが上位にあるものを「おおやけ」とし，自分を「わたくし」とする公私の連続的な上下の構造があるということになる。

▼ 公私意識の連続性と転換

　このような公と私の重層的な関係性は「この国のその後の長い歴史を生き続け」，現代日本の「公私」問題の原型になっているのではないかともいわれている。しかし，鎌倉時代から戦国時代にかけては惣（そう）という農民の地域自治組織が広がり，公に依存する私ではなく，独立した農民たちによる自治による公共の形成の動きもあった。また戦国期の堺などの町衆による自治支配の歴史もある。日本史におけるこうした下からの公共の形成は，国家的「公」の力によって押さえつけられてきたが，今日まで連綿として続いてきていることもまたみておく必要がある。そうしたもう一つの歴史は，権力をもたない私人たちが共同して公共の秩序をつくり出し，国家的「公」（公権力）を限定するというシナリオの可能性を示唆してはいないであろうか。

　こうした日本における近代以前の公私関係の研究などからわかることは，日本ではこれまで国家権力としての「公」が圧倒的に強いこと，独自な社会領域として「私」が未成熟であること，「私」は「公」に付着するか，上下関係における下位意識として登場していることなどである。もちろん先にもふれたように社会領域としての「私」から公共への道をめざすもう一つの歴史も地下水脈のように続いてはいるが，大きな流れとしては上のようにまとめることができるだろう。

　では，明治以降の近代においてこうした公と私の関係は変わったのであろうか。新たに公の位置には幕府に変わって絶対主義的な天皇制国家が座ることと

なったが国家権力が「公」を独占する状態は基本的には大きく変化していない。明治から第2次世界大戦前までの日本においては，公や公共は絶対主義的な天皇制国家そのものを示していた。「教育勅語」の「一旦緩急あれば，義勇公に奉じ，もって天壌無窮の皇運を扶翼すべし」という文章に示されているように，国民は臣民として公＝天皇制国家にそのすべてを捧げるものとされていた。まさに「滅私奉公」の世界である。このような公＝天皇制国家が絶対化された状況の下では，個人や私人はまさに吹けば飛ぶような存在であった。個人や私の世界は，それ自体としては価値あるものとはみなされていなかったのである。

　第2次世界大戦後70年以上も過ぎ，民主主義が成熟したはずの今日の日本社会においても，国家的「公」（公権力）を笠に着たり，その公に付着して私を拡張する現象はなくなっていない。依然として政治家や官僚に取り入って私益を図る企業などは枚挙にいとまがない。また日本人のなかに，江戸時代と似たような，自分の所属する会社は行政や地域社会全体からすれば「わたくし」であるが，一人ひとりの会社員からすると会社が「おおやけ」となるような公私意識があることも確かである。

　こうした公私関係，公私の規範意識は現代の私たちの公や「おおやけ」意識のなかになにがしかは受け継がれている。しかし，他方で，もう一つの私から公への流れ，公の変革を促す流れは，戦後の民主主義のなかで大きくなってきており，これまでの公私関係，公私意識に転換を迫るものとなってきている。このことが今日，あらためて公共が問い直されている理由なのである。したがって，これまでの私と公との関係性を変え，公や公共を担う存在としての私や，また私的な活動から「新しい公共」をつくりあげていくための今日的な条件やその実現性を探っていくことが求められている。

3.　私＝「わたくし」の解放と公共

▼　私（わたくし）という不思議な言葉

　公（おおやけ）という日本語は以上のような歴史をもっているが，では，そ

れと一対の言葉として用いられてきた私（わたくし）はどのように用いられて
きたのであろうか。よく考えてみれば，日本語の「わたくし」は実に不思議な
言葉である。まず一人称代名詞＝主語としての「わたくし」がある。次に，集
団や組織の単位としての個人を表わす「わたくし」があり，そして公的なも
のに対置される私的なものとしての「わたくし」がある。日本語では通常これ
らの3つの「わたくし」がほとんど区別されることなく使われている。このこ
とは「わたくし」たち日本人はあまり意識しないが「世界にその例を見ない」
特異な現象であるといわれている。

　「日本においては，社会的行為の主体である〈ワタクシ〉と，集団ないし組
織の単位である個人と，公的領域に対置される〈私〉とは，等置されるか，そ
れとも完全に癒着している」と指摘されているが，主体をあらわす「わたく
し」が公的でないという意味の「私」という表現と一緒というのはたしかに尋
常ではない。一人称をあらわす「自分」という言い方はなくはない。軍隊用語
として流通していた時期もあったが，今日ではあまり一般的ではない。男性の
一人称には僕，俺，我（われ）などの表現もあるが，両性に共通する一般的な
一人称の表現は圧倒的に「わたくし」か，その簡略化した表現の「わたし」で
ある。初めから公的な主体としての「わたくし」は存在しないことが前提とな
っているかのような言葉である。

　主語である「わたくし」は何故，「私」と表現するのであろうか。また「わ
たくし」という言い方で，個人的であることと私的であることを区別しない
で，等置したり，両者を癒着させたりすることにもいろいろ問題がある。「わ
たくし」の見解という場合には，社会的行為の主体としての見解，個人として
の見解，私的な見解の三者の意味が含まれてしまうからである。例えば，ある
府省の大臣が「わたくし」の見解という場合に，組織を代表して「わたし」の
見解，すなわち所管する府省の公的見解を述べることがある。この場合の「わ
たくし」はプライベートではない。社会的行為の主体としての「わたくし」が
公的な見解を述べているのである。

　または「わたくし」は公的見解とは異なる意見を述べることもある。その

場合に，組織の多数派の意見と異なる個人的な見解を述べることもあるし，組織を離れたまったくの私的な見解という場合もある。このように個人的見解がいつも私的見解というわけではない。現実にはこの三者は矛盾と緊張を孕んだ関係にあるが，日本語における「わたくし」はどの位相の見解なのかあまりはっきりせず，三者は一体のもとしてあいまいに受け止められることが多い。

　こうした日本語における「公」・「おおやけ」と「私」・「わたくし」の関係性のあり方は，個人の行動領域における公と私の未分離や公と官，私と個の関係における弛緩状態をもたらすことになる。これが，どのような問題状況を引き起こすことになるかみてみよう。

　先にふれた大臣が述べる公的見解にしても，また大臣の個人的見解にしても，それは官の職にいる者の見解，すなわち，大臣の職にある者が「公」の事柄についての解釈の表明である。それがそのまま公「おおやけ」にふさわしい見解かどうかを保証するものではない。公的見解のなかにその府省の特殊な「私」的利害を潜り込ませているかもしれないし，大臣の個人的，私的な利害をカムフラージュしているかもしれない。公の実行者としての官職にある者の振る舞いが公「おおやけ」にふさわしいかどうかは絶えず自他の検証にさらされる必要がある。そのことによって「公」が確定するのである。

　しかし，これまで日本においては国家や官の職にある者や上位者の「公」的な性質は自明のこととされて，官の職にある者や上位者自身が相互に公であるかどうか自省したり，相互に批判しあったり，また個人や私人，下位者などの側からの批判や検証にさらされることは少なかったと思われる。その結果，「国家や官はつねに『公』性のうえにアグラをかくことによって、傲慢と怠惰と腐敗をまね」いてきたといわれている。

▼ 私の変容と私・個・公の新しい関係

　同じことは「わたくし」の内部においても生じることになる。「わたくし」の内部において主体と個人と私人とが未分化な状態であるとすれば，主体としての「わたくし」が，自らの個人性や私性を自覚して，それを制御したり，他

者の私性などに配慮して，公共的なものへとつなぐことをむずかしくするかもしれない。また個人としての「わたくし」に私的性質が拭いがたく付着しているとすれば，個人としての「わたくし」から公共への道は狭いものとなる。その場合には，個人や私人である「わたくし」を否定したり，超越することでしか公につながることができなくなるだろう。こうした「わたくし」のあり方は，これまでの日本社会における圧倒的に強い公と弱い私の歴史を反映している。

ところで，こうした強い公と弱い私という関係は，第2次世界大戦の敗戦以後の日本社会では逆転したかにみえる。それまでの私や個としての「わたくし」を抑圧し滅ぼした国家的公への反発と「私利私欲」の解放のなかで，今度は強い私と弱い公という関係が生じてきたかのようにみえる。しかし，主体と個人と私人の関係を自覚したうえで，国家的公や個人や私人の上に築かれる公共が位置づけられない状況はあまり変化していないように思われる。このことが，戦後の「滅公奉私」ともよばれるような公と私の関係性を生み出してきたのである。

こうした高度経済成長期以降の生活態度は，「私生活主義」などとよばれている。この私生活優先の生活態度は高度経済成長期以降の日本社会における「私的生活領域と公的生活領域の分裂」として捉えることができる。ここでは，個人や私人としての「わたくし」の上に築かれる公的生活はまだみえてきていない。とはいえ，戦前までの臣民への反発や現代日本の資本主義下における企業による収奪や搾取に対する私生活領域での防衛的意識としては「ひとつの積極性をもつもの」として評価することはできるであろう。

しかし，この「私生活主義」や「マイホーム主義」は戦前までの私と公の関係性，私の解放という点では積極面をもつとはいえ，公との関係ではきわめて消極的であった。戦後の憲法の下で「主権在民」とされながらも，公的生活の主人公としての個人や私人からはまだほど遠いものであった。したがって，「私生活主義」はさらに革新されて，「受動的な選択に依拠する消費者的主体から出発して真の主権者的主体性へとどのようにして転回していくか」が課題となっていたのである。この課題は，今日に持ち越されている。すなわち，「わた

くし」のなかの私人と公人の分裂を，「まさしく『私人』の内がわから出発して克服」することである。「私生活主義」や「マイホーム主義」の積極面とその限界を自覚して，私と公との新しい関係性，新しい公共性を構築することである。

　では，課題となっている私と公の新しい関係性，新しい公共性とは何であろうか。21世紀の日本社会における民主主義を前提にすれば，おそらく次のようなことは多くの人びとに合意されるであろう。もう戦前までのような私人や個人を否定したり，上から抑制したりする国家的公や私の上に君臨する公のような私と公のあり方は許さないということである。とすれば，これからの私と公の新しい関係，新しい公共をつくっていくためには，解放された「私」と「個」を強めながら，分化した「私」と「個」の上に新しい公共を築き，そのことを通して国家的な公（公権力）との新たな関係性をつくっていくしかないと思われる。

　私と個と公，公共との新しい関係性のあり方は，どのように具体化できるのであろうか。そうした新しい関係は，次のように描かれたりしている。例えば，「『個人』が目覚めて，『欲』を否定せずに，その『欲』に基づきながら，公共性を開いていくしかない」「これからはどんなにむずかしくても私利私欲をもった人間同士が限りなく対話をして，お互いが知らせあい，一人で決めるのではなく，とことんまで行き詰めたところで成り立つ交渉，妥協，取引，合意，そういう過程のなかから出てくるものが本来の『公』であって，それはあらかじめ決まっているものではない」などである。

　ここでは，私と個と公共の新しい関係，「欲望」の担い手である私から公的な世界への道筋が示されている。しかし，まだ公と公共の関係性がはっきりと現れていない。公共性は「本来の『公』」という言い方をされている。「私」から発してこれまでの権力的な公の世界のあり方を変えていくためには，古い権力的公と区分される私人が「交渉，妥協，取引，合意」などによって構築する新しい公共の世界，そして個人の欲望を満たす私的世界の三者関係で理解する必要があるだろう。この新しい公共というとらえ方をすることによって，「公」と「私」という二者関係ではみえなかったものがみえてくることになる。

おわりに――新しい公共によって公と私のあり方を創りかえることができるか

最後に，第三の領域としての新しい公共という見方を検討して，この「公共」を考える序章を終えることにしたい。すでにみてきたようにこれまでの日本語の「公」や「公共」の意味はほぼ同じものとしてみなされてきたために，「公」と「公共」を区別するということはほとんどなされてこなかった。新しい「公共」という考え方は，従来の権力的な「公」＝「公共」ではなく，権力的でない「公」＋「私」が力を寄せ合う共同＝「公共」という見方をする。このように理解して初めて「公共」という言葉の「共」という文字が活きてくることになるのである。つまり，「私」が共同しながらつくる権力的でない公の世界が第三の領域としての新しい「公共」なのである。公共という言葉に「新しい」という形容詞をつけたのは，これまでの権力的な公と同じ意味に用いられる「公共」ではないという思いが込められている。

ところで，こうした「新しい公共」という捉え方が必要となってきたのは，従来の公や公共では現在進行している社会的状況をうまく説明できないからである。また，現在の人びとの民主主義意識の成熟がこれまでのように公を国家権力等に独占させることを許さないからである。そして，さらに国家権力等の従来の公や公共も増大する公的な仕事を独占的に担う力を喪失してきているからでもある。第2次世界大戦以降，先進国で支配的であった福祉国家は経済的危機のなかで行き詰まり，1980年代以後それまで国家権力等が担っていた公的な仕事を縮小したり，民間企業等に代替させたり，また個人や家族，地域の側に押し返したりしてきた。

こうした社会経済の変化は，新自由主義とか新保守主義などとよばれたが，そのなかで「小さな政府」に代わってそれまでの公的な仕事を担う民間企業等が登場することとなった。また，地域の団体などが従来の公的な仕事を担う状況も出てきた。こうした状況を指して「新しい公共」という言葉が用いられることもある。確かに，国家権力等が独占していた公的な仕事を民間の企業や地

域団体などが担うということでは従来の公とは違っている。しかし，この「新しい公共」のなかには，権力的な公に癒着して公的な仕事において私益を拡張しようとするものや縮小する公的な仕事を私的に代替するだけのものも少なくない。外見は「新しい公共」のように見えて，その内容は第三の領域としての「公共」の内実を備えていない場合がある。

　そこで「新しい公共」のあり方が問われるのである。公でもない私でもない第三の領域としての「新しい公共」は，「公＞共」と「公＜共」という異なる２つのベクトルをその内に含んでいる。「公＞共」という「新しい公共」は権力的な公の下請型となるか，公共の衣をまとった私という状況に陥りやすい。したがって，文字通り，「新しい公共」をめざすなら「公＜共」の道であろう。それはけっして容易ではないが，「私」や「個」が社会的に共同してその上に「公共」を築き上げていく道である。

　序論では「新しい公共」の可能性を京都の景観問題を事例にして探ってみた。本書では，以下の各章において，現代の日本社会における具体的な現実を取り上げ，それを「新しい公共」という視点から分析し，そこにどのような課題があるかを見出そうとしている。本書が提起する日本社会におけるさまざまな公共的な課題を通して，今日の「公共」のあり方について考える素材として役立てられることを願っている。

参考文献

足立幸男・森脇俊雅編著『公共政策学』ミネツヴァ書房，2003 年
野田浩資「歴史都市と景観問題」片桐新自編『歴史的環境の社会学』新曜社，2000 年
水林彪「日本的『公私』観念の原型と展開」佐々木毅・金泰昌編『公共哲学 3 日本における公と私』東京大学出版会，2002 年
渡辺浩「日本思想史的脈絡から見た公私問題」将来世代総合研究所編『比較思想史的脈絡から見た公私問題―第 1 回公共哲学共同研究会』将来世代国際財団，1998 年
安永寿延『日本における公と私』日本経済新聞社，1986 年
佐々木毅・金泰昌編『公共哲学 3 日本における公と私』東京大学出版会，2002 年
山口定・佐藤春吉・中島茂樹・小関素明編『新しい公共性―そのフロンティア』有斐閣、2003 年

第1章　日常生活と公共性

飯田　哲也

はじめに

　公共性をめぐっては多様な考え方・論じ方がある。このテーマは，あらゆる社会・生活分野にかかわるので，哲学・政治学・経済学・社会学・その他評論などでいろいろと論じられている。しかし「公共性とは何か」という根本的な問題を含めて一般的には合意がないというのが現状ではないだろうか。公共性については「学問的」にはおおむねむずかしく論じられることが多いようだが，ここでは公共性については，こんな風に考えてみてはどうかという意味で，さしあたり一つの考え方を確認することから始めようと思う。その場合のキーワードとしては，〈個の自立〉，〈連帯〉，〈民主主義〉をこれまたさしあたりあげておこう（ここでの「民主主義」については〈コラム〉を参照）。

　キーワードを軸に考えてみると，現代日本社会ではそれらすべてにおいて未成熟のように思われる。この未成熟が現代日本の社会・生活の問題性に結びついているのではないだろうか。「公共性について考える」とは，現在の日本社会のこのような問題状況と不可分に関連しているのである。したがって，いくつかの生活分野における問題性を軸とした現実認識から「公共性を探る」という考えによって，この章が展開されるであろう。具体的に展開するにあたって，あらかじめキーワードによる筆者の考えをわかりやすくいっておくと，人間一人ひとりを大事にすること，つまり〈自己および他者を大事にすること〉がもっとも密接に公共性に結びつくと考えている。

　考えてみれば，日常生活から政治，行政，企業（＝経済）という社会領域にいたるまでの「不祥事」といわれる出来事が絶えず起こっているのが最近の日本の現状である。この章は，日常生活に焦点を当てて〈公共性〉について考えることを基本的性格とするが，公共性との関連で日常生活のあり方を具体的に示すことによって，公共性を考えるための素材を提供することになるであろう。というのは，政治や経済などのマクロな分野においても，いわゆる「不祥事」を引き起こすのは諸個人と集団・組織であり，その根底にはそれぞれの日常生活があると考えられるからである。

　具体的な日常生活としては，家族，地域，学校，職場，「余暇分野」が措定される。当たり前のことだが，ここにあげた日常生活の分野にまったくかかわりなく生きている者はいないはずであり，その場合にはなんらかのかたちで他者とかかわっているはずである。これらの分野をめぐって，公共性について抽象的に考えるのではなく具体的に考えるにあたっては，そのような生活分野の社会的現実について具体的に確認する必要がある。大事なことは，どんな見解を表明する場合でも，なんらかの基本的な考え方をはっきりさせて，しかも現実的根拠に基づくことが学問的には不可欠だということである。

　先に，「公共性とは何か」についての一般的な合意がないといったが，このテーマの追求とは，上の二つのスタンスによって追求することを意味する。したがって，基本的な考え方を簡単に示したので，以下の展開は具体的現実から「公共性」を探り，合意形成の方向を追求するという筋書きになるであろう。そのことはまた，簡単に示した基本的な考え方を説得的なものにすること，そしてそのような考え方をさらに豊かに深めることにも結びつくであろう。なお，この章にかぎらず，すべての社会分野が日本社会全体のあり方に結びついているので，現在の日本社会のあり方については，ここでは必要なかぎりにおいて触れるにとどまり，〈終章〉でまとめるというかたちで取り上げられるであろう。

　さらに，蛇足的に付け加えると，本書は社会学的考えが軸になっているので，社会学にとって大事なことに一言だけ触れておこう。社会学的考えとは，

〈人間形成〉と〈関係の形成〉を軸として社会・生活を考えるものとして性格
づけられる。そして，人間および関係をめぐる外的環境（ここで取り上げる生
活分野，経済，政治，文化など）を社会的条件として位置づけて，それらが人
間形成や関係の形成を制約するとともに人間の活動によって変更できる性格の
ものであることを確認しておこう。社会学的論考にあっては，前者を軸にしな
がらも，常にそれらの社会的条件との関連を視野に入れることが大事である。

1. 日常生活の問題性

▼ 家族生活の問題性

　家族生活の問題性とそこから生じる問題現象については，マスメディア，評
論家，学者などによっていろいろと語られており，しかも問題現象が連日のよ
うに報道されていることはほぼ周知のことであろう。常識的そして時には学問
的にも，家族生活は私生活であるとされているが，果たしてそれだけであるか
どうかを考えることからはじめよう。

　「家族とは何か」については多様な考え方があるが，〈人間の形成〉の基本的
な場であるという点は大方の認めるところであり，しかも〈関係の形成〉もや
はり基本的につくられることを確認すればよいであろう。なぜならば，人間の
形成（形成には維持・発展も含まれる）はなんらかの関係を通してなされると
同時に，いろいろな関係もまた形成されるからである。そうすると，家族とい
う生活分野は単純に私生活とするわけにはいかないことになる。家族で形成さ
れた人間と関係が家族以外の生活分野にいろいろと作用するからである。だか
ら家族生活といえども「私」と「公」の両方を含むことになるはずである。家
族生活にはこの両面があることを，やや具体的に考えてみよう。「私」につい
ては，とりたてていうほどのことはないであろう。つまり，私的な生活分野と
しての家族ではどんな家族をつくりどんな生活をしようと自由であるというこ
とを意味する。しかし「公」の面も含むとなると，まったく自由というわけに
はいかないであろう。というのは，しばしばいわれることとして，家族という

私的生活への「公」の介入にたいする批判的な見解があるからである。しかし私は，「公」と「私」の二項対立という単純な発想ではなくて，この二つに「公共（性）」という概念（或いは視点）を新たに導入する必要があると考える。

　そこでやや一般的に考えてみると，基準は〈民主主義〉であり，自由・平等の存在としての諸個人に友愛という諸関係が加わることによって，民主主義が実質的に維持・発展するのである。〈コラム〉に示されているように，民主主義とは基本的にはこの３点セットであることを確認しておこう。そしてそれに照応するかそうでないかという人間および関係のあり方は，なによりもまず家族でつくられ，他の生活分野によって豊かにもなれば貧しくもなる。

　もう少し踏み込んで考えてみると，自由は主として私的分野に，友愛は主として公的分野（＝公共性）に密接に結びついており，平等はその二つとの関連で性格づけられると一応は想定されるのである。そしてこれらの基本的性格は日常的な家族生活における親子関係や夫婦関係そしてその他の関係によって形成されるのであり，それらの関係がほぼ民主主義にのっとっているならば，あるいはかならずしもそうでなくてもどれかにいちじるしく傾斜していないならば，現在蔓延しているような家族問題は起こらないであろう。

　家族生活の問題性については，それぞれの日常的な体験・見聞から少し考えてみれば容易にわかるのではないだろうか。公共性との関連での「公」の面に密接に結びつく家族関係のあり方が現在問われていると思われる。家族にかかわる問題は具体的に語るまでもなく，ほぼ連日のように報道されている。子どもに対する虐待，親に対する殺傷事件や夫婦関係の問題などは千差万別であり，これらの諸問題についてはたいていの人は具体例を思い浮かべることができるのではないだろうか。では，なぜそのような家族問題が多発するのであろうか。公共性に結びつく家族内の関係の変化に注目することが大事である。

　まずは親子関係の減退に結びつく諸問題をあげることができる。後で述べる社会の変化とも関連して，親子のコミュニケーションが少なくなったことによって，他者との相互理解が乏しくなってきている。他者を大事にすることは相

互理解に基づくことを考えれば容易にうなずけるのではないだろうか。このことは，夫婦関係の緩みにも結びついている。そのような親子関係のもとで形成された人間が夫婦関係にも作用することになり，夫婦の愛情（と思っている）が自己愛的な愛になりやすくなることを意味する。そして最後に家族そのもののあり方として，上の諸関係などのあり方の必然的結果として，家族が私的生活分野であるとされており，損得勘定抜きの「愛による絆」と思われているにもかかわらず，「現金勘定」が支配的になる傾向，それ以外の（友愛に基づく）関係が希薄になっていることを指摘しておこう。このような問題性は，家族という私的生活分野にも最低限必要な公共性の乏しさを意味する，と考えられる。

▼ 地域生活をめぐって

　家族とは違って，「地域（生活）とは？」と問うことはきわめてむずかしい。というのは，「家族とは？」については血縁・婚姻・共同生活の範囲による見方に若干の違いがあるにすぎないのに対して，地域（言葉の使い方も含めて）については，常識的な近隣や小学校区・中学校区といった範囲から各レベルの行政単位さらにはアジア地域といった広大な範囲まで，多様という言葉では表現できないほどその範囲が違うからである。そこで日常生活に結びつくかぎりでの地域に限定して，私なりに一つの見方を示しておこう。

　地域については一定の空間的範囲が想定されているが，人びとの生活を条件づける空間的範囲および人びとの生活関係があるという範囲ということに着目して，いささか抽象的ではあるが，私は「条件としての地域」と「相互活動としての地域」の二つを措定している。前者については，多様な環境と受け止めればよいであろう。このような地域には，家族とは違って「私的生活」はほとんどなくて，公共性と密接にかかわっている。具体的には，人工的環境として住居（＝家並み），地域施設，交通などをあげることができる。自然的環境についてはほとんど説明不要であるとも思われるが，生の自然が次第に少なくなり，「人工的」自然環境が拡大していることが，公共性を考えるにあたって注

目する必要がある。

　地域のこの両面についての大事な着目点としては，それぞれの地域の「条件」と歴史的につくられた「相互活動」に応じた独自性をあげることができる。地域における相互活動はきわめて多様であるが，ここではわかりやすい事例として生涯学習を取り上げよう。生涯学習は一種の流行りもあって，たいていの自治体で行われているが，自治体の施策によってその相互活動のあり方は地域によってかなり違っている。簡単に具体例を示すと，滋賀県近江八幡市では，行政の企画を軸として大部分が公民館における生涯学習になっており，兵庫県川西市では，公民館における生涯学習だけでなく住民が自発的につくった集団・組織が多様な生涯学習を展開しており，京都府城陽市では，コミュニティ・センターというかたちで，ほとんどの企画・運営が住民によってなされている。どのあり方が好ましいとは簡単にはいえないが，生涯学習という相互活動のあり方ひとつでも地域によって異なることを具体的に受け止めればよいであろう[1]。行政側の「公」，住民側の「私」のいずれを重視するにしても，地域生活では公共性という観点が必要であることを確認したい。

　地域生活の問題性については，ほぼすべてが公共性に結びついているといってもよいであろう。条件としての地域をめぐる諸問題について具体的に考えてみると，一般的には普段はほとんど無関心な住民が相対的に多いのであるが，具体的な問題が起きると表面化することになる。例えば，公園内の事故や企業の活動による環境の悪化などをあげることができる。相互活動としての地域をめぐる諸問題については，ここではごく身近で実感できる近隣関係という狭い範囲に限定する（町内会やその他の団体については他の章で取り上げられている）。近隣関係の範囲として具体的にイメージするならば，ゴミ収集をまとめる範囲など自分が近隣と感じる範囲程度に受け止めてよいであろう。高度経済成長以前（ほぼ50年程前）までは，ほとんどが顔見知りであったが，現在は挨拶程度の関係あるいは顔さえも知らないという「関係」に変わり，相互活動が質量ともに乏しくなっている。

　地域生活のほんの一部分を指摘したにすぎないが，地域生活と公共性につい

ては，すべての住民が地域（条件および相互活動）と無関係に生活しているのではないので，個々人が地域にとってどのような存在であるかを問うことが大事である。住民には，地域の〈利用者〉と〈主体者〉という二つの面がある。利用者としての住民は，地域の諸条件をそのまま受け入れているにすぎない存在であるのに対して，主体者としての住民は好ましい条件をさらに向上させ，好ましくない条件を改善・除去することに共同で取り組む存在である。したがって地域における公共性については，地域の単なる利用者つまり私的存在にすぎないか，主体者として公（行政）とも関連しながら公共性に基づく存在であるかが問われることになる。地域生活の条件の向上は共同の相互活動が必要であり，そのためにも地域住民の相互関係の形成・発展が大事であることを強調したい。

▼ 学校生活では関係が大事

　学校の問題性についての言説は百花繚乱の状況にあるが，「学校とは何か」，「教育とは何か」と問う必要はないかもしれないほどに，ごく当たり前のことかもしれない。しかし，最近の学校ではごく当たり前のことが失われている，あるいは行われていないように思われるのであり，しかも多くの人びとが気付いていないのではないかと思われる。だから学校に過度に期待したり，逆に一面的な自分勝手な要求をしたり，大学生などには学籍があるだけにすぎない者もかなりいるのではないだろうか。そこで，公共性を考えるにあたって，学校（あるいは教育・学習）についてごく当たり前のことを確認しておこう。

　家族や地域と違って，学校とは子育て段階にある年齢における日常生活であり，各級の学校のレベルに応じた知識を得るという営みおよびその応用能力＝考える力を養う営みがなされる場である。いろいろと論じられているのは知識の内容と後者のあり方であるが，本来両者は一体であるはずである。学校では教員・事務職員・学生・生徒がいろいろな関係を織りなしている。そして，子どもとの関連で親がなにほどかにおいてかかわっている。したがって，そのような学校生活では，人間形成と関係の形成が当然の結果として付随するのであ

り，そのような営みを通して公共性が問われることになる。学校生活は，他者
との関係なしには営まれない。このことは二つの点から指摘することができ
る。

　一つは集団で学ぶということである。小クラスの授業であろうと大きな教室
の授業であろうと，学生・生徒はひとりで学ぶのではない。例えば単に講義に
出席するだけの大学生であっても集団的に学ぶ，つまり他者との関係のもとで
学ぶのである。もう一つは学校における一定のルールのもとで学ぶことであ
る。授業に臨むことや事務的な手続きなどでは一定のルールに従っているはず
である。したがって，学校での学習の大部分は「公」ということになるであろ
う。他方「私」の部分については，上記にはない学校生活，例えば学友との交
流や自習などが「私」に該当する。このような意味では，家族生活と地域生活
を考える場合とやや似ており，ほぼ同じような考えによって「公」，「私」，「公
共性」について考えるのが適切であろう。そうすると，二つの能力を高める
「学校での学習」を通して，家族生活と同じように「公」に結びつく自己形成，
および地域生活と同じように「公」に結びつく関係の形成が営まれることにな
るであろう。そして，その「公」がはたして「公共性」なのか，「非公共性」
を含んでいるのかが問われることになる。

　学校生活をもっとも基本的にはこのように押さえるならば，現在の学校生活
における問題性はおのずとはっきりするのではないだろうか。小学校から高校
までの問題性について関係に焦点を当てれば，指導関係という上下関係と人間
としての平等の関係がある（関係についての一般的な見方については次の節で
触れる）。学校（あるいは教育機関）をめぐっては，保育園・幼稚園から大
学・大学院にいたるまでの各級の教育機関すべてにわたって問題性に充満して
いる。ここでは大学に絞って考えることにするが，大学論を本格的に展開する
のではなく，大事だと思われる点にかぎって簡単に指摘しておこう。

　大学について考えるポイントは，四つある。教育内容，学生の学習，教師の
指導，制度・政策の4点であり，これらの関連によって大学のあり方が性格づ
けられる。教育内容については，先に指摘した「考える応用能力」が培われる

ものであるかどうかが問われることになるが，教師の指導・学生の学習との関連もさることながら，大学（各級の学校）だけを考えるだけでは不十分である。国や地方自治体などの教育制度・政策といった大枠に大きく条件づけられていることをも射程に入れる必要がある（第6章はその代表的な例である）。制度・政策には，国家や地方自治体の制度・政策に条件づけられる各学校の制度・政策もある。前者については，具体的には文部科学省と教育委員会を想起すればよいが，これは徹頭徹尾「公」として性格づけられる。後者は相対的独自性をもつそれぞれの大学（例えば建学の精神など）を想起すればよいが，これらもおおむね「公」として性格づけられる。

　大学における教育・学習の大枠としての「公」のもとで，つまり「公」に取り囲まれているという条件のもとで，教師の指導と学生の学習活動が営まれるので，この「公」が民主主義を基準とした公共性にどの程度合致しているか，あるいは非公共性の性向が濃厚であるかが問われることになる。別な表現をするならば，教育する主体としての教師と学習する主体としての学生にとって，制度・政策が「公」としてどのような意味をもち，どのように作用するかが問われることにほかならない。

　現在，大学および大学生のあり方をめぐっては，良好と思われる（実践的）試みもあるが，どちらかといえば多様な問題を抱えているとともにいろいろと論じられてもいる。問題があり論議もあるが，教育・学習活動を実行するのは，それぞれの教員と学生である。ここでは，公的機関である大学のあり方の問い方（考え方）について，「公共性」を考えるにあたっての課題を投げかけておこうと思う。大枠としての制度・政策（大学と国家）が学生・教員に資する性格かどうか，学生・教員が大学における営みに合致した存在であるかどうか，これに付随して学生の相互関係・教員の相互関係・学生と教員（職員も）との関係などがどうであるかを，「公共性」（ここではさしあたり構成員それぞれに資すると想定）に基づいて問うことが大事である。以上簡単に投げかけた問いは，大学あるいは学校のあり方を問うことであるとともに，「公共性」について具体的に問うことをも意味する。

▼ 余暇分野も公共性に結びつく

　余暇分野については，基本的な見方・考え方がないに等しいような状況にある。この分野での公共性を考えるには，まずは余暇＝生活時間の使い方についての基本的見方をはっきりさせておく必要がある。簡単にいえば，余暇時間とは文字通り「余った時間」ではなくて，〈生活にとって精神的に必要な時間である〉というのが私の基本的考えである[2]。

　余暇生活については，家族と同じように私的生活の面が濃厚である生活分野であるが，これまた家族と同じいやそれ以上に「公」における「公共」の面を含んでいる。なぜならば，すぐあとで示すように，ひとりで家に閉じこもるだけの余暇の過ごし方はほとんどあり得ないだけではなく，そのような過ごし方であっても公共性に結びつくからである。しかし余暇分野については，公共性との関連で語られることがあまりないのではないだろうか。そこで，余暇についての基本的な考え方について，まずは確認したい。

　「余暇活動」には，三つのあり方がある。① 単独での「余暇活動」，これについてはあまり多くを語る必要はないであろう。要するにひとりで余暇時間を過ごすことである。② 複数での「余暇活動」，これは多様であるが，例えば一緒にスポーツをするといった知人との過ごし方と見知らぬ人も含んだスポーツ観戦という過ごし方がある。複数で〈○○ランド〉などで過ごす場合は，この両方を含んでいる。このような① と② の過ごし方に付随するものとして，③ モノと関係する「余暇活動」をも見過ごすわけにはいかない。はじめに自己と他者を大事にすることが公共性に密接に結びつくと述べたが，余暇活動を考えると，さらには他者だけでなく外界（具体的には余暇にかかわりのある施設・設備など）をも大事にすることが加わるであろう。ここでは便宜上三つに分けて指摘したが，実際の活動ではこれらが截然と分けられるわけではない。

　さて，余暇活動は家族生活と同じように私的な自由な生活分野であるが，二つの点で公共性にかかわっている。一つは，すでに述べた三つの生活分野と同じように，余暇活動を通して人間形成がなされるということである。もう一つは，上で指摘した他者および外界との関係が形成されるということである。そ

こで上で指摘した三つのあり方とのかかわりで，公共性について具体的現実と
問題性について考えてみよう。① だけという余暇活動は，相対的に少ない。
① の場合には，たいてい③ がからんでいるはずである。例えばテレビゲーム
だけとかパチンコだけとかという余暇の過ごし方を考えるならば，他者との関
係はほとんど形成されないだけでなく，どんな自己が形成されるかはあえてい
うまでもないであろう。② の場合には，これまでの三つの生活分野の延長線
上にあると考えればわかりやすいのではないだろうか。この場合，とりわけ他
者および外界との関連が問われることになる。六甲山でケーブルとロープウェ
イの乗り換え場で，ある母親が子どもが列に並ぼうというと，「そんなことを
していたらなかなか乗れない」といって割り込む情景を目撃したことがある。
説明は，不要であろう。また，多くの人たちが共通に利用する施設・設備を大
事にすることをも「公共性」と不可分であることはいうまでもないであろう。

　このように考えると，「余暇活動」は家族生活とは違った意味で私的生活領
域であるとはいえ，そこにもまた「公共性」をネグレクトするわけにはいかな
いことは明らかであろう。上に簡単にあげたことはごく当たり前のことである
が，六甲山の例にあるように，この例にかぎらず（例えば迷惑駐車，路上に座
り込むことなど）ごく当たり前のことが実生活ではなおざりになっていると
ころに現在の「公共性」問題があるのではないだろうか。

2.　問題性の性格をめぐって

▼ 変化した諸個人のあり方

　前の節では，具体的な日常生活を通して「私」・「公」・「公共性」について考
え，私と公という単純な二項対立的な見方の不十分性について具体的に指摘し
た。しかもどの生活分野であろうとも，公共性が程度の差はあれ関連があるこ
とが確認できたはずである。そこで，個人，関係，社会というやや一般的な視
点から考えてみることにしよう。主として，ここ20年ばかりの問題性を取り
上げるが，問題性が公共性（の減退）と密接にかかわっていると考えられるか

らである。

　高度経済成長以降，ここ20年ばかりの期間に，前の節で具体的に触れたように，日常生活・生活関係や人びとの意識が大きく変貌するとともに，人間のあり方，関係のあり方，マクロな日本社会のあり方が問題性に充ちたものになっている。そこでこの節では，問題性の性格についてやや一般的に考えることにしよう。諸個人のあり方の変化としては，次の三つのあり方が支配的傾向になったということがいえそうである。

　第1には，心理的飢餓をあげることができる。すなわち，物質的にはある程度豊かになったが，心理的には充たされないあり方を意味する。高度経済成長を経て，経済的には「豊かに」なったといわれている。しかし，大部分の日本人が本当に「豊かに」なったのであろうか。最近「成長を実感に」という表現があるが，そしてまた「格差社会」という表現もあるが，歴史的に日本社会を考えてみると，このことは最近に限ったことではなく，高度経済成長期も含めてここ半世紀以上も一貫しているのである。心理的飢餓というあり方はとりわけ情報の氾濫と密接に関連しており，多くの人びとは日常的に体験しているはずである。街の商品売り場でもテレビなどのコマーシャルでも，私たちの欲求をそそるもので充満している。しかし，実際にはそのような欲求をどれだけ充たすことができるだろうか。しかもお金があれば時間が乏しい，あるいはお金を稼ぐにあたっては生活面でのどこかで無理をしている，というのが大多数の人びとの現状である。つまり，高度経済成長以前の肉体的飢餓といった貧困はある程度解消したかもしれないが，心理的には常に欲求不満があるというのが諸個人の日常生活における現実的なあり方ではないだろうか。心理的飢餓というむずかしい表現を使ったが，ストレスの蓄積と受け止めてもよいだろう。

　第2には，主体性の減退を指摘することができる。これは，思考および具体的活動の両面において「他者志向」的なあり方を意味する。豊かさの一面でもある「生活の社会化」と密接にかかわっている。「商品化」の進展が大きく作用していると考えられるが，とりわけサービスの商品化の進展を指摘することができる。旅行・冠婚葬祭・レジャーなどの「パック化」や既成食品を想起す

ればよいであろう。そのような商品化によって，プランニングも何かをつくる過程も他人まかせ，自分で能動的に工夫して取り組まなくても（＝考えなくても）欲求充足が可能なのである。旅行や「結婚イベント」のパック化や既成食品の普及などを想起するだけで容易にうなずけるのであろう。利便性にともなってのそのような主体性の減退は，学校とのかかわりでは覚えるだけといういわゆるマニュアル化の蔓延，そして「○○をしてほしい」であって「××しよう」ではないという他人任せが横行することになる。

　第3には，未来志向性の乏しさをあげることができるが，これは上記の二つの性向の帰結でもある。未来を志向するとはそれほどおおげさなことではなく，目的意識的にプロセスと結果を頭のなかで描いて行動するという人間の特質である。人は「こうすれば多分こうなるであろう」と思って行動しているはずである。しかし，いろいろな場面で具体的な結果を考えないで行動することが多くなっている。「どうして？」あるいは「なにげなく」と思われる犯罪にこの性向が典型的に認められる。例えば，飲酒運転などの結果はほとんど周知のことであるが，相変わらず存続している。それほど多額ではないお金のための犯罪の横行つまり以後の人生についての結果を考えない犯罪，出来心としての万引き，いや犯罪でなくても，4年次では卒業できないといった大学での過ごし方，返済できそうもないサラ金からの借金などなど，未来を考えない例をいくらでもあげることができる。

　これらはある意味では，日常生活における人間疎外（＝人間の非人間化）を意味する。人間とは，社会的存在であり，主体的に活動する存在，しかも動物とは違って未来に向けてのセルフコントロールができる存在である。そのような存在として人間は社会生活を営むのであるが，その喪失状況が進行している。これらが先に具体的に指摘した日常生活の諸分野の問題性に結びつくとともに，公共性の減退にも結びつくのである。次の項に結びつくのだが，諸個人のあり方のこのような問題性は関係のあり方の問題性にも連動する性格のものである。そこで連動する関係のあり方の問題性へ進むことにしよう。

▼ 希薄化する関係について

　高度経済成長以降，ここ 20 年ばかりの人間のあり方が変化したことに照応して，関係のあり方も大きく変貌している。一般的には「人間の絆の希薄化」と私は表現している。より具体的にいえば，ゲゼルシャフトのみが進行するだけでなく，そのゲゼルシャフト（とあえていえば）の変質が進行していることを意味する[3]。ゲゼルシャフトとは，ごく一般的には目的のための他者の手段化，そして損得勘定による関係のあり方を意味する。簡単にやや俗っぽくいえば，ギブ・アンド・テークの関係といえばわかりやすいであろう。それは基本的には「等価交換」の関係であるはずだが，ゲゼルシャフトの変質とは，この「等価交換」が崩れた関係への変質である。先の〈未来志向性の乏しさ〉と密接に結びついている。「無関係の関係」という形容矛盾的表現になる「関係」かもしれない。「不等価交換」という関係は，封建社会まではいざ知らず，近代社会ではよほどの事情がないかぎりは長期的に継続することはあり得ないが，それでも権威的な存在への「服従的関係」として存続しているだけでなく，まったく異質な「いじめ」関係としてもしばしば現れる。

　次に，諸個人のあり方と結びついて，関係がつくれない人間が多くなったことを指摘することができる。ここにもまた情報化の進展が大きくかかわっている。具体的には，ケータイとテレビゲームを想起すればよいであろう。ケータイ（あるいは E メールも）を軸とする関係をどのように考えるか。簡単な連絡程度ならともかくとして，ケータイを主とするコミュニケーションが〈関係〉を豊かにするようなコミュニケーションであると果たしていえるであろうか。テレビゲームを軸とする遊びを主とすることについても，ほぼ同じように，いやそれ以上に他者とのかかわりが乏しくなりそうである。物（器機）との関係が多い場合は，総じて「仲間」も友人もつくらない（あるいはつくれない），つまり人間として他者との関係を豊かにできないということに結びつくであろう。

　人間の直接的な相互関係が乏しい結果として，集団・組織の形骸化＝構成員は単に所属しているだけの存在，さらには実質的には自分にとって必要な場合

だけの関係，さらに極端になると「無関係の関係」が増加することになる。関係のそのようなあり方もまた，先に具体的に指摘した日常生活のあらゆる分野の問題性に結びついているといえよう。

　このように考えると，他者との関係の乏しさが公共性の減退に結び付くことは当然であろう。なぜならば，公共性の軸は他者との関係，ミクロレベルでの集団・組織との関係，マクロレベルでの社会分野との関係，これらのあり方に加えて，〈生活空間〉とどのように関連づけるかという問題をも提起するからである。関係とは，自然に形成されるものではない。

　他者との関係にとって大事なのは，コミュニケーション活動である。しかも可能なかぎり相互理解が向上するような直接的なコミュニケーションおよび協同活動がもっとも望ましい。このことは，家族員相互の理解のあり方，そして日常生活における〈相互活動としての地域〉について想起するならば，容易にうなずけるのではないだろうか。公共性との関連では，さらに一般的には〈生活空間〉と外界のモノとの関係もまた見過ごせない点である。具体的には，駐車問題だけでなく駐輪問題，公共施設・設備の利用問題，そして広い意味での自然環境との関係などをあげることができる。まとめていえば，私的な日常生活の大部分にはヒトとモノの両方との関係で公共性が問われることにほかならない。

▼ マクロな諸条件をめぐって

　ここまでの展開では，私たちの身近な生活のなかで公共性について具体的に考え，さらには人間のあり方と関係のあり方が大きく変化したことを一般的に指摘した。しかし，考えてみると，これらは社会全体の変化動向に条件づけられている。「都市化，産業化の進展を背景として」といった表現がしばしば使われるが，大事なことは単なる背景とすることではなくて，それらを関連づけて捉えることである。そこでややむずかしいかもしれないが，まずは**〈マクローミクロ〉リンク**という考え方の説明からはじめよう。

　〈マクローミクロ〉リンクとは，マクロな社会的諸条件と諸個人の活動とは

ストレートには結びつかないで媒介が要ること，それらの相互関係が矛盾を孕んでいること，これらの諸関係（論理的な）によって，発展（あるいは変化・変更）への方向を導き出すという考え方である[4]。諸個人の日々の活動がマクロな社会的条件に直接結び付いていないことは経験的にわかるであろう。例えば，一般国民の国政への参加は選挙の行動のみが大多数であり，全国的な組織などへの参加もほぼ同じである。

　では，ミクロとマクロはどのように結びついているか。諸個人が具体的に結びついていると意識されているのは，直接所属している集団・組織である。さらには，それの集団・組織を公式・非公式に実質的に動かすグループがある。特定の個人が独裁的にみえてもこのグループが必要である。そのような少数者のグループを私独自の表現（＝概念）として〈社会機構〉とネーミングしている。そして，これらの「媒介」の性格は所属する諸個人の活動と関係のあり方による。〈ミクロ—マクロ〉リンクという考え方とは，人びとの活動と社会のあり方のつながりについての考え方であり，〈諸個人の活動　→　集団・組織の関係の形成・関係の性格づけ　→　「指導」グループ　の性格　→　いくつかのグループが社会のあり方へ作用〉として示すことができるが，他方では逆の経路で諸個人のあり方と日常的関係のあり方への作用がある。実際には　→　←　というかたちで錯綜しており，グループ内の諸個人の活動・関係の形成が上のような道筋で社会のあり方に客観的には結び付くことにもなる[5]。どの「媒介項」での諸個人の活動であれ，日常生活の活動と不可分である。そして，それぞれの「媒介項」のあり方が，公共性に結びつくことになる。

　いささか抽象的に述べたが，政治と経済によって具体的に考えてみよう。日本の政治・行政は，どのように行なわれているか。国会と中央官庁が直接行なっているようにみえるが，実際にはリーダーシップを握っているグループ（これが社会機構）があり，これが関連する集団・組織に支えられている（あるいは制約されている）。そして，それぞれの関連分野で具体的に活動しているのがそのなかでの諸個人の政治活動と個人的政治活動である。この個人的政治活動は，投票だけの人もいれば何もしない人もいる。そして，それぞれのレベル

での諸活動において公共性が問われることになる。経済については，逆の方向で示してみよう。まずは諸個人の経済活動（ここでは消費活動を入れない）があるが，おおむねなんらかの経営体で経済活動がなされているはずである。そのような経済活動の大枠に対する作用がいわゆる財界の経済活動ということになり，これらの総体が日本社会の経済状況にほかならない。ここでもまた公共性が問われるのであるが，個別企業の詐欺的な「不祥事」はともかくとして，一定の利益をあげるのが企業活動なので，利益のあげ方を公共性との関連で具体的に考える必要がある。すなわち，上で簡単に指摘した活動としての諸要素それぞれが政治・経済に作用を及ぼす性格を考えることにほかならないが，そのようなマクロを含む諸条件と諸活動をめぐっては，終章でやや具体的に触れられるであろう。

3. 公共性の重要性

▼「公」，「私」，「公共」についての再論

　日常生活からはじまって，〈マクロ－ミクロ〉リンクという考え方から，公共性について具体的に考えると，問題性や今後の方向をめぐっては，すべてにおいて「公」・「私」・「公共」が浮かび上がってくるはずである。そこで，それぞれについて確認するが，すでにある程度示唆しているように，「公と私という二項対立」という発想から抜け出すことにとりわけ留意をうながしたい。そこで，これまでの展開との重複を厭わないで，さらに一般的なレベルでこれら三つの含意と関連について考えてみよう。

　すでに序章でも問題提起的に述べられているが，「公」を国語辞典的に多様に考えるだけであったり，また日常的・常識的に流布している「官」などとして単純に受け止めるだけであったりということは厳に避ける必要がある。「公」については，これまでの展開からわかるように，外社会との関係において考えることが大事である。外社会は日常生活にとっては二つの意味がある。一つは，私たちの私的分野としての生活を制約するという性格を指摘することがで

きる。家族生活がすべて私的生活であるならば，子どもをどのように育てるか（あるいは接するか）は自由であるが，そこで育てられた（人間形成）子どもはやがて社会のなかで生活することになる。その場合，なんの疑いもなく「公」に盲従するかあるいは私的にまったく「自由に」（＝気ままに）振る舞う人間として形成されるかが問われるであろう。しかも具体的な日常生活の各分野について述べたように，そのように形成された人間が地域での相互活動にどのように加わるであろうか，学校のルールに盲従あるいは無視するのではないだろうか，どんな余暇生活をすごすのであろうか，といった問いが当然でてくるであろう。

　次に「私」について考えてみると，家族生活や余暇生活などのように，生活における私的分野は確かにある。しかし一般に「公私の区別」などといわれているように，この二つはまったく別のものあるいはかならずしも対立するものではないことは，これまでの展開によってかなり明らかであろうと思われる。上でも簡単に触れたように，家庭生活は確かに私的生活領域である。しかし，だからといって公＝外社会とまったく無関係ではない。家族生活だけでなく，一般に私的生活と思われている生活分野でも，そこでの諸活動によって人間と関係が形成されるという意味で，社会のあり方とのかかわりで「公」が入り込んでくることになる。では，「公」と「私」をどのように関連づけるか。私は両者の現実的な関連に結びつくのが「公共性」であると考える。

　「公共性」については，これまでに取り上げたそれぞれの生活分野に応じて，考えるにあたっての必要性として述べてきたが，ここで一般的にまとめておこう。公共性とは全面的に公であるわけでもなければ，私と無関係であるわけでもない。このことは，これまでに取り上げてきた生活分野における諸個人のあり方と関係のあり方との関連について考えれば，わかるはずである。公共性が公と私の両方にかかわるあるいは媒介的な位置にあることは，もっとも一般的に私的生活と考えられ家族生活について具体的に考えてみればよいであろう。家族構成あるいは結婚については私的生活としてまったく自由なはずである。にもかかわらず，実際には両性による結婚と夫婦同姓が公的に認められている

家族であるが，果たして自由であろうか。他方では親の子育てがいろいろと問題になっているが，問題と思われる子育てにたいして自由な私的生活だからといって公的に放置しておいてよいのであろうか[6]。このような実際の例を考えるならば，「公」と「私」については，「公」における公共と非公共（反公共），「私」における公共と非公共（反公共）という見方が必要になることは明らかであろう。だから，私的領域に「公」がかかわる（介入する）場合には，それが公共と非公共のいずれであるかということが重要になってくる。

▼ 社会の変化と公共性

　公共性についてどのように考えるかということは，社会の変化によって時代とともに変わってきている。相対的に多く知られており，また論じられている見解としては「公共圏の拡大」という見方である。別の言い方をすれば，人びとが自由で平等にコミュニケーションをする範囲が拡がったということにほかならない。しかし，そうだとすればするほど，拡大した範囲（今やほとんどすべての人が含まれる範囲）の公共性をどのように考えるかが大事になる。社会のあらゆる分野の変化に対してこの問題が投げかけられているが，ここでは日常生活に密接にかかわっている変化として，〈生活の社会化〉と〈情報化の進展〉に絞って考え，関連して若干の社会の変化と公共性の関連をめぐって付け加えよう。

　まず，〈生活の社会化〉の進展にともなって日常生活がどのように変化したかを簡単に確認し，その変化との関連において公共性について考えてみよう。先に生活の社会化の主要な現実として「商品化」の進展をめぐって若干触れたが，ここではかならずしも「商品化」ではない部分について具体的に考えてみよう。〈生活の社会化〉は，かなり広範囲にわたって進行しているので，そのすべてについて述べるわけにはいかないので，主として「公」と「公共性」との関わりに限定して若干述べるにとどまる。商品化としての生活の社会化においては，費用のすべてを個人・個別家族が負担することになるが，その他の社会化の分野はどうであろうか。ここでは，教育と医療を例として考えてみよ

う。両者ともに公的性格へと大きく変化したが，受益者は私的存在としての性格も有している。そうすると，それぞれの分野での私的負担の程度が問題になるであろう。世界では，教育費や医療費の受益者負担がいちじるしく高額の国から無料の国まで多様である。したがって，公共性を実際にどのように考えるかが大事になる。

　日本社会の変化は高度経済成長期を経て大きく変貌するが，現在もいろいろな変化が進行中である。とりわけ最近の顕著な変化として〈情報化の進展〉を考える素材として簡単に取り上げることにしよう。ここではインターネット（ケータイと一体化）をあげるだけでよいであろう。これまた生活の社会化と同じように私たちの生活における利便性を大きく向上させるとともに，大部分は自由な私的分野として形成・発展している。ケータイはいまや生活必需品になり，インターネットは仕事・勉学だけでなく余暇分野などあらゆる生活分野でその存在感を大きくしている。しかし，これについての公的規制はほとんどないに等しい。情報化の進展にともなう詐欺その他の犯罪や事件が増加している現在，しかも余暇分野の一つとして私的な〈自由〉のみが一人歩きということも確認しておく必要がある。私的生活分野でありながらも問題性を孕んで公的規制も求められるのではないかという状況のもとでは，公的規制についての合意はほとんどない。したがってここでもまた私的生活と公的規制をめぐって媒介となるにあたっての公共性を新たに構築していくという課題が投げかけられている。先に一般的に指摘したように，私的な部分における公共と非公共および公的規制についてもまた公共と非公共が問われることになる。

　日本社会の目立った変化としては，金融・クレジットの普及にともなう「カード社会」の進展，社会福祉分野における変化，広告の氾濫，食品販売の多様化などをあげることができるが，そのような変化にともなう「不祥事」が連日のごとく報道されている。これらの分野についても，公共と非公共を軸とする合意形成とその実行が求められている。

▼ 自立と連帯が大事

　これまでの展開のすべてから，公共性の形成・発展のためには，諸個人のあり方と関係のあり方が重要になってくるであろう。そうすると，自立と連帯（はじめにあげたキーワード）ということが浮かび上がってくるのではないだろうか。自立とは諸個人それぞれのあり方を意味し，連帯とは人びとの関係のあり方を意味する。一般的にはこの二つの必要性については，何らかのテーマとの関連でいろいろなかたちでこれまでいわれてきている。

　諸個人それぞれのあり方としての自立について，公共性に結びつくかたちでどのように考えたらよいのであろうか。自立ということについてはいろいろと論じられているが，あらかじめ私見を示すならば，人間存在そのもののあり方を意味する。私は先に諸個人のあり方の問題性について述べたが，そのような問題性の基準となるとともにその発展が求められるのが自立という個人のあり方であると考える（主体性の減退を想起せよ）。

　人間として，一人前の大人になるとは「自立した人間」になることであるが，そこには二つの意味が含まれている。一つは自己形成ということであり，人間が主体的存在であるならば当然のことである。人間としての自己形成とは，各種の教育機関で学習した一定の知識と応用能力および集団的に学んだこととルールに従うことなどといった諸力能に基づいて，それらを駆使・発展させる主体性とセルフコントロール能力をより高めていくことを意味する。もう一つは，「自分で」あるいは「自力で」，問題（＝困難な課題）に取り組むことできる存在が「自立した人間」を意味する。ここで大事なことは，「自力で」ということが「自分ひとりで」という意味ではなく，例えば専門家など他者への相談や他者との共同や他者からの援助も含めて，問題に自分で対処できることが「自分で」の意味だということである。だから「どうしようか」と迷っているだけでは，自立していないことになる。新聞の「身の上相談」はその具体例であろう。

　連帯についても，また自立と同じように，人間本来のあり方に求められる。人間は他の動物とは違って，ひとりで生きている存在ではなく，日々の生活で

43

は何らかのかたちで他者とかかわって生きている。しかも他者とかかわりなしには生きられない存在である。ところが最近では客観的には他者とかかわっているにもかかわらず，主観的には，他者とかかわりがないような人間が一定程度現れて，例えば「かごダッシュ」（新しい犯罪のかたちで，スーパーマーケットやコンビニエンスストアで商品をかごに入れて，そのまま脱兎のごとく店外へダッシュする犯罪行為）に認められる信じられないような犯罪が起こっている。万引きは他者を意識しているが，「かごダッシュ」には他者としての店員が存在していないかのようでもある。つまり人間相互の関係が鋭く問われていることにほかならない。

　連帯とは，他者との関係を具体的に形成することを意味する。どのようなかたちであれ，客観的には連帯（＝他者と何か一緒に行なうこと）がまったくない人間生活はほとんどあり得ない。連帯を発展させるとは，「人間の絆の希薄化」に示されているような「関係」から新たな協同の関係をつくることからはじまる。人間は客観的にはなんらかの協同活動なしには存在できないので，できる範囲で多様な協同活動（一緒に何かをするという単純なこと）の機会を多くもつことが大事である。そのことによって人びとの連帯（感）はおそらく前進するであろう。連帯のより高まった関係のあり方が「共同性」であり，「協同性から共同性へ」はおそらく公共性の前進と合致するはずである。最後に，繰り返し強調したい。自立と連帯に基づく諸活動は，人間的本質の発露以外のなにものでもない。

おわりに

　これまでの展開で明らかであると思われるが，要約とまとめという意味も込めて，公共性の発展にとっての課題を提起して，この章を結ぶことにしよう。これまでは公共性をめぐる日常生活については，それぞれの生活分野の問題性に充ちていると思われる状況を簡単に示したが，問題状況に対して「公共性が大事であり公共性を育もう」とただ叫ぶだけでは，たいした成果はおそらく期

待できないであろう。大事なことは，好ましい例を見つけ出してできそうなことから実行することである。そのように考えると，この章で取り上げたそれぞれの生活分野で，「再生への蠢動」をいくらかは見い出せるはずであるが，以下では，それらのほんの一例を示すにすぎない。似たような例をみつけることも課題として大事である。

〈家族〉の問題性は現在では，一朝一夕には対処しがたい性格であるかもしれない。しかし再生への蠢動，つまり個別的には好ましい関係を追求する例をあげることはできるのである。家族生活において若い世代では子育てや家事への父親の参加が多くなっている。それは，新たな人間形成と関係の形成の可能性を示唆するものといえよう。

〈地域〉においてもまた，新たなコミュニティの再生への蠢動つまり相互活動としての地域の追求が比較的小規模な自治体では進みはじめている（具体的には，第2章，第3章で取り上げられている）。先に触れた生涯学習への取り組み，子育て支援の取り組みなどはその具体的現れといえよう。それは，新たな連帯の萌芽として性格づけられる。

〈学校〉においても，国家の教育政策が揺れ動いていて対症療法的意味さえも乏しいもとで，教育現場でもまた地道な工夫による再生への蠢動が認められるのである。そのような工夫のもとになっているのは，教師と生徒・学生との関係の再構築の追求である。

現在の日本人の日常生活が問題性に充ちていることは，すでにいろいろと指摘したように確かに現実ではあるが，上で簡単に触れたように，その打開への動きもまだ微々たるものではあるが，これまたある程度は認められるのである。したがって，打開の可能性を追求するいろいろな試みについては，その輪をいかに拡げていくかが大事であることはいうまでもないであろう。私的生活が軸になっており，また個人・家族生活の防衛としてそうならざるを得ない社会的条件がある。したがって，連帯や公共にかまってはおれないと思う人もいるであろう。しかし，私的生活にとっても連帯や公共は大事なのであり，そのような矛盾を意識しながら生きていくことが必要なのである。

　個人のなかでも社会的にも矛盾に充ちているなかでも，連帯の輪を拡げることが求められている。連帯の輪を拡げるにあたっては，現在ではマスメディアの役割がきわめて重要になってきている。終章で再び簡単に触れることになるが，マスメディアにおける報道とそこでの「有識者」の発言の作用がきわめて大きくなっている。公共性の追求とその具体例については，単なるニュース的な報道・発言にとどまらず，マクロな政策批判的視点をもまじえて，諸個人から国家にいたるまでのあらゆるレベルでの総合的な方向の提示が求められている。公共性についての合意はないとはじめに述べたが，こんな風に考えてみてはどうであろうかというスタンスでのこれまでの展開が，公共性のさらなる前進を考える一つの契機になればよいと考える。

〈コラム　民主主義について〉

　ここで民主主義について簡単に取り上げるのは，はじめに指摘したように，他者を大事にするという意味で，民主主義の理解が公共性を考えるにあたっての基本と思われるからである。民主主義という言葉は普段なにげなく使われており，言葉だけは日本人のなかにプラスイメージとして定着している。しかし，本当に民主主義が理解されて，それに基づいた行ないがなされているであろうか。民主主義は欧米で歴史的に形成・発展してきたが，日本では1945年の敗戦を契機に導入され，半世紀余りを経て言葉としてほぼ定着した。理念としての民主主義は，フランス革命に象徴される自由・平等・友愛ということになるが，大事なことはそれを生活・社会のなかで実質化することである。とりわけ大事なことは，この3つが別べつにあるのではなくセットとして理解し実際の行動に生かすことである。歴史的に考えてみると，日本社会では半世紀余り前に導入された民主主義は言葉として皮相的に定着したにすぎない。本文であげた問題の多くは，そのような受容にとどまっている民主主義の未成熟によるとも考えられるのである。本文で「私」についていくつかの角度から述べたように，「私」にとって都合がよいような「自由」が突出し，「平等」もそのかぎりにおいて形式的に主張されたりすることが多い。しかし，繰り返し強調するが，自由・平等・友愛はセットになってはじめて民主主義としての意味がある。

　自由は個人のあり方に結びつくが，その場合，他の2つをネグレクトすると自分勝手になるであろう。平等は人間一人ひとりを大事にするという一般的な関係を有する状態を意味するが，具体的な関係においてどのように適用するかが大事

である。例えば指導責任がある存在である親・教師と子ども・生徒は無条件で平等なのではないはずである。友愛は単なる「情」として性格づけられるのではなく、上の2つの実質化にたいして、関係を基礎づける、とりわけ連帯の要として位置づくものとして性格づけられる。民主主義については、この3つをセットとして理解し、納得できることから実行することが肝要なのである。

　日本社会（だけではないが）の現実では、「友愛」がおおむね置き去りにされて半世紀余りが経過したが、その実質化の発展を人びとが具体的行為で追求ことが大事である。

❖❖❖❖❖❖❖❖❖❖❖❖❖❖❖❖❖❖❖❖❖❖❖❖❖❖❖❖❖❖❖❖❖

注

1)　桝本妙子・永久欣也・飯田哲也共編『豊かさと地域生活』（窓映社　2006年）では、地域での生涯学習が豊かな生活を目指す一つの方向であるという考えに基づいて、3つの地域の調査事例が詳しく示されている。

2)　生活時間の見方について、補足説明を加えておこう。生活時間については、学問的にも常識的にも労働時間、休養時間、余暇（自由）時間という分け方がこれまでは一般的に採用されてきた。私は、これに代わる見方として社会的必要時間、生理的必要時間、精神的必要時間という見方（言葉の使い方）を新たに主張している。その詳細は、飯田哲也『現代日本生活論』（学文社　1999年　202,3頁）にゆずるが、その意義についてだけ述べておこう。私がとりわけ強調したいことは、2つある。一つは、労働時間を社会的必要時間とすることによって、家事や勉学が生活のなかに位置づけられることである。もう一つは、余暇時間は文字通りの「余った暇な時間」ではなくて生活にとって「必要な時間」であり、労働時間だけの重視から抜け出す主張を含むことである。

3)　関係のあり方の見方としては、分類なども含めて多様に論じられているが、私はF.テンニースの〈ゲマインシャフト―ゲゼルシャフト〉という軸と〈民主主義―権威主義〉という軸をクロスさせて捉える見方を採用している。前者の関係は、かならずしも排他的ではないが、後者の関係は排他的に対立した関係である。民主主義についてはこれまではマクロレベルである制度や状態などとして論じられることが多いのであるが、私は社会学の立場から人間と関係のあり方として措定している。

4)　わかりやすくいえば、個人と社会をどのように結びつけるかという考え方だが、欧米の社会学でもきわめて少ない。理論化に成功しているかどうかはともかくとして、日本では富永健一『行為と社会システムの理論』（東京大学出版会　1995

年）および飯田哲也『社会学の理論的挑戦』（学文社　2004年）で異なる理論化
が試みられている。

5）詳しくは，上掲書『社会学の理論的挑戦』407〜410頁を参照のこと。

6）家族生活をめぐっては，「公的介入」をほとんど無前提に拒否する立場がある
　が，それはまさに自由に傾斜した〈公一私〉対立という考え方である。この立場
　では，親の子育て（虐待などの育てないことも含む）にも公的介入が論理的（原
　理的）に排斥されることになる。しかし，子どもや親への虐待といった放置でき
　ない問題への対処などは，公共性という点から「公的介入」が許容されると思わ
　れるので，プライバシー問題と公共性との関係についての大方の合意とそれに基
　づく法的整備が求められるであろう。

参考文献

佐伯啓思『「市民」とは誰か　戦後民主主義を問いなおす』PHP新書，1997年
飯田哲也・中川順子・浜岡政好編著『新・人間性の危機と再生』法律文化社，2001年
飯田哲也編著『「基礎社会学」講義』学文社，2002年

第2章　中間団体と公共性
―地域社会における団体の役割―

的場　信樹

はじめに ―――――――――――――――――――――――

　公共性という言葉は「社会全体に関係すること」「社会一般に開かれていること」という意味で使われていることが多いので，まずこの意味から考えてみたい。

　社会全体に関係する問題が生じたときに，ひとりの力で解決できることは少ない。身近な市町村のレベルで考えてみると，ある人が地域のために道路が必要だと考えたとき普通どうするだろうか。おそらくひとりでは行動しない。町内会や自治会で取り上げてもらったり，同じニーズをもっている人たちと団体をつくって署名を集めたり自治体と交渉したりするかもしれない。「社会一般に開かれている」という意味は，だれでも署名を集めたり交渉したりすることができるということである。「社会全体に関係すること」と「社会一般に開かれていること」は，二つがひとつのものとしてあってはじめて公共性といえる。そしてこの例のように，人びとと社会を媒介するのが中間団体である。人びとは中間団体を通じて社会とかかわっているのである。

　ここで重要なことは，あくまでひとりの人間として社会にかかわっていくということである。例えば「会社のために役所や議員に働きかけて道路をつくってもらう」という場合，社会全体の問題（道路をつくること）にかかわっていることは間違いないとしても，その行為は会社という組織の意思を代弁しているに過ぎない。例えば談合のような場合，「本当はこんなことをしたくない」

といったひとりの人間としての意思は無視されることが多い。公共性には，だれでも自由な意志に基づいて社会にかかわっていけるという普遍性と任意性が必要である。

　本章では，中間団体が地域社会で果たしている役割を明らかにすることによって，個人と中間団体と公共性という3者の関係について考えてみることを目的としている。

　最近，この地域社会における中間団体の役割を「ソーシャルキャピタル」という言葉を使って捉え直そうという動きがある。具体的な社会問題の解決だけでなく，社会全体の安定や発展にとって中間団体の果たす役割を積極的に評価しようという試みである。本章では，この「ソーシャルキャピタル」をめぐる議論も紹介しつつ，個人と中間団体と公共性がどのような関係にあるのかということをみていくことにする。

1.　中間団体の役割

▼　中間団体とは何か

　まず中間団体という用語について説明しておきたい。団体とは「同じ目的を実現するために意識的に結合した人びとの集団」と理解されている。人びとが集まれば団体かというと，そうとは限らない。この定義では目的とか意識という言葉に表れているように主体性が強調されている。団体を構成しているのは，特定の意志をもつ個人なのである。

　一方，日本の法律では，中間団体とは，法律上（商法および各種業法によると），公法人でも営利法人でもない法人のことをいう。具体的には，学校法人，医療法人，社会福祉法人，NPO・NGO，協同組合，労働組合など，民間にあってかつ非営利の法人をさしている。これらの例からも明らかなように，私たちの生活は中間団体がなければ維持できないほど，中間団体は身近な存在になっている。私たちは多くの場合ひとつ以上の中間団体の構成員なのである。

　法人は，法律上資格が認められ権利義務の主体となることができる団体のこ

とをいう。行政目的のために存在する公法人を別にすれば，法人には，公益法人，営利法人，中間法人の3種類がある。このうち，公益法人は不特定多数の人の利益を目的とする社団や財団のような団体のことで，これに対して営利法人は株式会社など私的利益を目的とする団体をさす。中間法人は公益法人と営利法人の中間にあって，協同組合や共済組合のように構成員に共通する利益（共益）の実現を目的とする団体である。本章では，公益法人と中間法人をあわせて中間団体とよぶことにする。中間団体は，法律上の範疇である中間法人よりかなり広い概念である。また，本章では法人だけでなく，法人格をもっていない団体，例えばボランティア団体やクラブなども含めて中間団体とよぶことにする。このように，個人や家族だけでなく，さまざまな団体が集まってつくられているのが現代社会の特徴である。

　中間団体にもさまざま種類があることを述べたが，これらの団体には共通する特徴がある。団体の目的に公共性があり，地域社会との関係が深い，という2点である。先に，公共性には2つの側面があることを紹介したが，現実問題として社会全体の問題に所得や性といった個人の属性に関係なく「だれでも参加できる」ようにするためには中間団体の存在は不可欠である。そして，地域社会は人びとがひとりの人間として社会に参加するときの出発点であり原点である。地域社会は砂のように個人が散らばってできているわけではなく，そのなかにバラバラな個人もいるが，おもに個人と中間団体から成るネットワークによってつくられているのである。

　もちろん，団体ごとに目的の性格も違うし，地域とのかかわり方も濃いものから薄いものまで千差万別である。中間団体がその種類からいっても多様な存在だということはあらかじめ押さえておく必要がある。その上で，本章では，中間団体の例としてNPOと協同組合を取り上げることにする。

▼　中間団体の役割について

　もう少し詳しく中間団体とは何かを考えてみたいが，ここでは，中間団体が果たしている役割をさまざまな側面からみていくことにする。

1）個人の自由を実現する役割

　日本の民法では，民間にあって営利を目的としない団体が中間団体である。NPO のように公益を追及する団体も，スポーツクラブのように共益を追求する団体も中間団体とよばれる。この二つの種類の違う中間団体に共通するのは，本来，だれかに命令されて参加するのではなく，団体の構成員である個人が自由な意思に基づいて活動できるということである。ここでは，自由意思に基づいて決定し行動するという意味で自律性が重要な意味をもつことになる。これは，国や自治体，会社（営利企業）などの階層制組織との決定的な違いである。法律の範囲内であれば上位の命令には服従しなければならないのが階層制組織である。

　ところで，社会学では，個人と全体社会（これを国家とよぶ場合もある）を媒介し，個人の生活欲求を充足する機能と全体社会の秩序を維持する機能をあわせもつような集団を中間集団とよんで，この中間集団の存在が個人を自由にすると考えている。中間集団に期待されているのは自由な人格を形成する役割である。その際，地域団体，学校，企業，政党，宗教団体，マスコミなどが例としてあげられる。ここでは，中間集団と中間団体はほぼ同じ意味で使われている。つまり，社会学の定義は，個人の自由，つまり個人の自由な人格形成を保障することを中間団体の役割としている点に特徴がある。個人が自由に活動することは，その人が自分らしく生きることの一部である。中間団体は人びとが自分らしく生きることを保障しているということになる。

2）公と私を区別する役割

　先ほど，日本の民法では，民間にあって営利を目的としない団体が中間団体とよばれていることを紹介した。「民間にある」ということは公的な組織ではないことを意味するが，中間団体のなかには公益を追求する組織もある。つまり，「公益」を追求するが「公」とはよばれない組織も存在する。その代表のひとつが NPO である。公益は「公共の利益」という意味なので，「公」と「公共」は異なった意味を指示していることになる。そこで，序章でも触れら

れているが，「公」と「公共」という二つの用語の違いを簡単に確認しておくことにする。

　まず「公」である。「こう」とか「おおやけ」と読む。この「公」には，朝廷，政府，役所，国家などとならんで，表だったこと（公然），私有でないこと，私心のないこと，などの意味がある（『広辞苑第5版』以下同じ）。前者は国家機関を指していて，この場合朝廷や政府にとって個人はあくまで働きかける対象である。これに対して，後者の「表だったこと（公然）」という使い方では，「公」が社会に開かれていることを示している。このように「公」には二重の意味がある。そこで，日本では，二重の意味の混乱を避けるために，「公」が政府やお上を指すのに対して，「社会に開かれている」という意味を「公共」という言葉で表わして区別しているのである。「公」が国家や政府を，「公共」が社会全体（国家）と個人の関係を指示していることがわかるであろう。

　肩書きでなくひとりの人間として社会にかかわることを「公共」という。そして，国家や政府以外の社会を民間という。以上のことから，民間にあって公益を追及する個人や団体があってもおかしくないことは，理解されたと思う。公益を実現することは，国家や政府が独占できるものではない。問題は，社会全体（国家）と個人，つまり公と私の関係である。電車やバスに乗っていて携帯で話している声がうるさく不快に聞こえるのは，公的な空間が私的な行為によって占有されていると感じるからである。社会の秩序が維持されるためには，公的領域と私的領域が区別されなければならない。

　産むことができる子どもの数を政府が決めることは，公による私的領域への介入である。また，公共事業の情報を特定の企業や業界に漏らしたり，その代わりに企業が天下りを引き受けたりするのは公と私の癒着である。これに対して，NGOが避妊のための啓蒙活動を行ない，その結果出産数が減れば，個人の自由を損なうことなく出産数の減少という公共的目的を達成することができる。また，NPOが公的機関に情報公開を迫ったり癒着を監視したりすることによって適正な入札が行なわれるようになれば税金の無駄遣いが減り，公共事業の効率化に役立つ。このように，中間団体には公と私を区別する役割が期待

されている。

3）公と私を結びつける役割

　中間団体には公と私を区別するだけでなく，逆に両者を結びつける役割もある。日本で第三セクターというと，国または地方公共団体と民間企業が共同で出資して設立する公私混合会社のことをいう。事業運営責任の所在が曖昧なまま破綻する会社が相次いで，非効率や税金の無駄遣いの象徴，公務員の天下り先ときわめて評判が悪い。これに対して，日本以外で第三セクター（サードセクター）という場合は，慈善団体や NPO，協同組合といった，本章でいう中間団体のことを指している。

　同じ第三セクターという言葉を使っても，この二つには企業形態の違い以上に大きな違いがある。日本の第三セクターが公私の共同所有という形を取っているのに対し，日本以外では国や自治体からも，あるいは民間企業からも独立しているのが第三セクターの特徴である。この違いは，日本以外では，公的機関と民間企業が直接のパートナーとして事業をすると，両者が癒着して汚職の温床になったり，公的機関が自分たちの事業のために規制を乱発して民業を圧迫したりすると考えられているからである。あるいは，そうした反省の上に立ってつくられたのが日本以外で行なわれている第三セクター制度だということができる。したがって，公的機関と民間企業が共同で資金や人材，ノウハウ等々を出し合って事業を行なう場合は，両者から独立した組織にこうした資源を集中し，この組織が主体となって事業を展開するという方法が採られている。この両者から独立した組織が中間団体にほかならない。つまり，公と私を明確に区別した上で，区別された両者が協力して事業を行なうために，あらためて両者を結びつける役割が中間団体の役割であり存在意義だということができる。

4）社会の多元性を実現する役割

　中間団体には社会の多元性を実現する役割がある。市場や国家には他人を支

配し従わせる力が存在するが，この市場や国家の権力に対する対抗力としての役割が中間団体には期待されている。こうした中間団体の役割に対して，「既得権の擁護だ」といって懐疑的な目を向けるのが新自由主義である。新自由主義は1980年頃に登場し，アメリカのレーガン（1981～89），クリントン（1993～2001），ブッシュ（父1991～93，子2001～09）の各政権や日本の小泉政権（2001～06）や安倍政権（2006～07）の政策においても中心的な役割を果たした。そこでは，労働組合や公営企業が，既得権を擁護するためだけに存在する守旧派として攻撃の対象とされ，民営化されたり解体されたりした。また社会保障制度に対しても，政府の民間への介入として解体ないし削減の対象とした。

　新自由主義は，間宮陽介が指摘しているように，公と私，国家と市場の二分法に立ち，公の私への介入を自由の抑圧とみることに特徴があるが，その場合の私的領域というのはほぼ市場の領域のことを指している。また，新自由主義は自由化・民営化，国家の縮小を主張するだけでなく，中間団体をも自由化・民営化によって縮小しようとしている。こうして，中間団体が萎縮すれば，その活動領域や影響力の縮小という意味だけでなく，組織力学という点からしても，先の市場と国家の権力に対する抵抗力を減退させることになることが危惧されている。この新自由主義の二分法モデルに対置されるのが，公でも私でもない，あるいは公でも私でもあるような中間団体が数多く存在し，それぞれが独自の原理によって運営されているというモデルである。中間団体には，人びとのニーズを実現するだけでなく，市場や国家に対する抵抗力として社会の多元性を実現する役割があるという主張がこれである。

5）直接的人間関係を持続させる役割

　先に，中間団体には，公と私を結び付けるだけでなく，公と私を区別して両者の自律性を確保する役割があることを述べた。しかし，中間団体も《私の領域》で生まれ，そのなかで存在しているのである。では，何が中間団体と《私の領域》を分けるのだろうか。ここでいう《私の領域》とは，どのようなもの

なのだろうか。

　人びとの生活の場である《私の領域》では，個人から出発して，集団，結社へと成長し，それが中間団体と事業システムになる。この過程が過去から現在に至るまで日々繰り返されている。事業システムは，人格をもたない機械のようなもの（株式会社の営利性や行政の官僚制など）であるのに対して，直接的人間関係を持続させているのが中間団体である。組織は意思をもたない。意思をもつのは人間である。意思をもたない組織があたかも意思をもっているかのように振舞うのが法人制度である。このような法人制度のことをここでは事業システムとよぶことにする。事業システムは個人の意思を変える力をもっている。本音では「こんな商品は売りたくない」と思っても，「会社の業績を上げるためには仕方がない」とか，「環境に悪いことはわかっているが消費者のニーズだから」という気持ちにさせるのが事業システムである。

　これに対して中間団体は，事業システムによって変えられる前のニーズや要求を実現するために人びとが組織したものである。もちろん，事業システムと中間団体の性格の違いは相対的であり，程度の違いにすぎないといってもよい。会社や行政のなかにも個人として良心に基づいて発言する人はいるし，中間団体の中にも営利主義や官僚主義に走ったりする団体もある。しかし，中間団体の場合，構成員の直接的人間関係が，目的や理念，定款や規約などによって制度的に保証されていることが重要である。したがって，国の機関である省庁が職員の天下り先として中間団体をつくったり，そこで贈収賄などの汚職が蔓延したりすることは，それが公金私消に当たるだけでなく，中間団体制度の悪用という意味でも好ましくない。こうした天下りや贈収賄は，まさに公私混同の典型である。中間団体が公と私の間に介在することによって二つの領域それぞれの自律性を確保することは，公正な社会を実現する上で不可欠な条件になっている。

6）役割を果たす仕方としての贈与と互恵

　ここまでは中間団体の役割をさまざまな角度からみてきたが，その役割を果

たす方法は基本的には二つである。企業であれば，利潤の獲得であれ事業の存続であれその目的を実現する方法は市場での競争（効率性や価格をめぐる競争）という形をとる。国や自治体がその目的を実現する方法は，法律や条例など何らかの強制力をともなう権力という形をとる。中間団体の場合では基本的な方法は贈与と互助（相互扶助）である。そして，贈与を主な手段とするのがNPO，互助を主な手段とするのが協同組合ということになる。

　中間団体を区別するときに，NPO を公益組織，協同組合を共益組織ということがあるが，これは団体の目的の性格が違うことによる区別である。これに対して，目的を実現する方法によって区別すれば，NPO を贈与団体，協同組合を互助団体ということができる。NPO がホームレスの人たちを支援する場合，寄付や補助金を集め，ボランティアを募って炊き出しや入浴サービスを提供することになる。ここでは，財やサービスの流れが一方通行なので贈与という。これに対してホームレスの人たちが自分たちで団体をつくり，請負仕事を受注したりガレージセールを行なったりする場合には，この団体は協同組合ということになる。当事者を支援するために第三者によってつくられる組織がNPO であるのに対して，協同組合は当事者自身による助け合いの組織だということを意味する。なお，NPO が当事者のグループを組織したり，協同組合がボランティアを募って NPO を設立したりすることも少なくない。

　以下では，中間団体の代表として，この NPO と協同組合を取り上げることによって，個人と中間団体と公共性がどのような関係にあるのかということをより具体的にみていくことにする。

2. NPO の現状と課題

▼ NPO とは何か

　現在，日本には特定非営利活動促進法に基づいて法人格を取得しているNPO が 3 万 8,425 団体（平成 28 年 12 月 31 日現在）あり，その数は着実に増え続けている。職員とボランティアの人数は平均 292 人とされている[1]ので，

全国でNPOに直接かかわっている人の数は1,100万人を越えたところである。また，NPOには小規模な組織が多い。年間の会費と事業収入の合計は，平均4,800万円ほどである。これは，職員を7〜8人雇用できるかできないかといった金額である。ボランティアの活動によって支えられているのもNPOの特徴である。

　一方，規模の小ささに比べて，社会的な影響力が大きいこともNPOの特徴である。とくに，保健・医療・福祉，社会教育，まちづくりなどの分野で存在感が大きい。ここには，きめこまかなサービスが求められるために国や自治体だけでは対応しきれなかったり，通常の利益が見込めないために営利企業も参入しにくかったりする分野が多いことがわかる。こうした分野における人材の育成，さらに市民の参加や異議申し立て，政策提案といった市民社会の活性化のためにNPOが果たす役割が大きいからである。また，さまざまな活動を通じて，主体的に政治に参加する市民が増えてくることが期待されているのもNPOの特徴である。

　他方，NPOを取り巻く環境には厳しいものがある。NPOに対して経済的自立の必要性を過度に強調する論調もある。事業収益をあげるために低賃金・長時間労働が常態化している団体も少なくない。その結果，新自由主義の主張する「小さな政府」の単なる補完になってしまっているのではないかという批判もある。また，市民のボランティアや寄付が少なく，行政の支援も不十分だという指摘もある。NPO一団体当たりの寄付金の平均は，849万円（年額）である。半分以上のNPOには，助成金や補助金の収入がない。これもNPOの厳しい現実である。しかし，NPOの数は，増え続けている。その秘密は，どこにあるのか。次に，NPOが果たしている役割についてより具体的にみていくことにする。

　なお，NPOには，営利企業などの別法人によってその目的を実現するために設立されるものも少なくない。ここでは，制度の趣旨にのっとって市民活動の一環として設立されたNPOを対象として，その特徴をみていきたい。

▼ NPO における諸活動

1) 個人的動機からはじまる活動

　NPO への参加動機としては，個人的体験が大きな意味をもっていることが特徴である。NPO に参加する直接のきっかけは別として，個人的動機の重要さは，他の中間団体との大きな違いである。例えば，障害者やその母親たちとの出会いであったり，そこで苦労している実態を知って衝撃を受けたりといった経験である。チャリティ・バザーに重度の脳性麻痺の子どもがいる若いお母さんが来て「私でも，ここに来れるんですか」と聞かれたことがきっかけになったりする。もちろん個人的動機が出発点になることは，どのような団体の参加動機でも同じである。しかし，それが共通の集団的属性，例えば労働組合や生活協同組合の組合員のように職場が同じであるとか，子育て期にある主婦といった集団的属性に依存していないという意味では，個人的動機の重さはNPO の特徴といえる[2)]。

　このことは，活動スタイルにみることもできる。障害者の居場所づくりのために，自宅をコミュニティスペースとして喫茶ルームやバザーをはじめたり，そこに地域の不登校の子どもたちの親の会や発達障害の子どもの親の会ができたり，お母さんたちの勉強会をやるようになったり，というように個人の生活圏から活動が広がっていくことも特徴である。

　したがって，活動が個人の生活歴に規定される面も大きい。調査をしてみると，生活協同組合の活動歴があったり，職業や専門性が発揮できるから活動に参加するようになったというケースも少なくない。子育ての終わったお母さんたちや同級生（小中高校の同級生），そしてその友人によびかけて，メンバーを募って NPO の設立に至るというケースも珍しくない。

　以上のように，共益組織が年齢や性，職業といった集団的属性や集団としてのアイデンティティが重視されるのに対して，NPO では個人的動機が大切にされていると感じられることが多い。個人的体験が大切にされるということは贈与組織の特徴である。これが，互助組織と贈与組織を分ける要因になっていることは確かなようである。

2）理念を強調する活動

　理念を強調することも，NPO の特徴である。団体の目的や活動の動機が重視される。そして，理念が語られるときに，コミュニティとライフスタイルの喪失と再生が強調されるのも NPO の特徴である。例えば，それは，「震災（1995 年の阪神・淡路大震災）後に A 少年の事件があった。そことここの街並みが一緒だった。こういった街で，コミュニティをつくっていく必要があるのではないかと実感した」という語りにもみることができる。この発言からは，コミュニティが地域という単なる空間ではなく，地域における連帯や相互扶助を意味していることがわかる。

　また特定のライフスタイルへの志向がみられることもある。「知的障害者のゆっくりしたリズムがとてもいい。社会のプレッシャーに押しつぶされてしまった人にとって，ここは，自分を受け止めてくれるし，ゆったりしているし，どんな失敗でも許されそうな場所だと感じられる」という発言からは，理念がもともと特定のライフスタイルの選択と切り離しがたい関係にあることがわかる。

3）ボランティアに依拠する活動

　利他的な志向が NPO には不可欠である。ほとんどの団体がボランティアに支えられてようやく活動が維持できている。NPO に関する全国調査によれば，NPO 法人の 30 パーセントは常勤スタッフがいても給与や報酬を支払っていない。また，80 パーセントの法人に非常勤スタッフがいるが，その半数以上の団体が給与や報酬を支払っていない。つまり，スタッフのかなりの部分がボランティアによって支えられている。そして，このほかにイベントや取り組みのときに協力してくれるボランティアがいる。ボランティアを定義するのに，よく任意性（自発性），無償性，利他性という言葉が使われるが，そのなかでもっとも重要なボランティアの特質は利他性である。利他性を志向する人の存在が NPO を支えている。

　ボランティアの確保が NPO にとって差し迫った課題になっている。現状で

スタッフ以外のボランティアが確保できている法人は 40 パーセントあまり，応募数が少なかったり適性の問題で十分確保できていない法人が 60 パーセントにのぼる。ボランティアに依拠しなければ活動を続けられない。しかしそのボランティアの確保に苦労している。日本の NPO が直面している大きな問題のひとつである。

▼ ネットワーク事業として成立する NPO

　NPO が地域における活動を重視する理由は二つある。ひとつは地域にニーズがあるからだし，もうひとつは NPO の事業がネットワークを介して行なわれることが多いからである。地域のニーズとは，例えば以下のようなことである。「徒歩で来ている人たちが多く，『地域で必要な作業所』となることを目標としている。他所に働きに行くのではなく，地域に作業所があれば，かなり重度の人でも働きに出ることができる。そうすれば，養護学校を卒業した人たちが 65 歳まで働くことができる。」

　NPO にとって重要な役割を果たすのは，人と人の個人的なネットワークもそうであるが，他の団体や行政とのネットワークがなければ事業を継続することはむずかしい。それは，ほかの「この地域で託児を行っている NPO」であったりする。また，NPO にとって人材の養成は欠かせないが，自治体が行なう研修や講座はそのための大事な機会になっている。例えば，兵庫県では，地域リーダーを育てる《ふるさとひょうご創生塾》という塾があって，そこを卒塾した NPO のスタッフが運営委員会に入ったりしている。また，ここは兵庫県が行っている「市民大学」の受講生の受け入れ先にもなっている。

　また，ある NPO（小規模作業所）では，住宅街の道路際でもない目立たない場所でパン屋を開いていたので，地域の人をよび込む工夫が必要だった。そのためにカルチャー・スクールを開設して，介護美容師の人に来てもらって，パンの販売日に合わせて毎週一回開講することになった。併設された喫茶ルームが月曜から金曜まで空いているので，髪をカットして染めて待っている時間，喫茶でお茶を飲んでもらい，ついでにパンを買ってもらう。コーラスやア

ート教室に来ている人たちがサポーターになって，正会員や賛助会員として
NPOを盛り上げ，応援してくれる。こうした売上げが，すべて作業所の収入
になっている。美容師の人も，カット料金2,000円のうち，会場費としてひと
り500円払ってくれるので，お客さんが10人くらい来る日は会場費として
5,000円入ることになる。これに加えて喫茶とパン屋の収益がメンバー（通所
者）の給料になり，メンバーは，美容室の当日の掃除（洗面台等）などを行な
っている。この例からも，個人と個人の属人的な結びつきにNPOのネットワ
ークの強みがあることがわかる。

▼ NPOをめぐる諸問題

1）行政と企業との連携

　もちろん活動分野にもよるが，一般的にいってNPOの収入にとって行政か
らの補助金の占める重みは無視できない。例えば，先ほどの小規模作業所の場
合であれば，障害の重度などに応じて，年間630万くらいの補助金（小規模作
業所を対象にしたもの）が市から出ている。そこから，メンバーや指導員の給
与，家賃等を捻出する。しかし，指導員のスキル・アップのためのセミナーや
施設長の横のつながりをつくるための援助は行なわれていない。

　事業経費のうちで最大のものは人件費であるが，活動のためには土地や建
物，コピー機，机も必要である。設備や備品などへの補助は企業や財団等を通
じたフィランソロピー（企業の社会貢献活動）に頼ることが多くなる。自治体
や民間の支援財団が募集する助成金の情報も重要な経営資源である。「横浜市
では，家賃の半分（20万円なら10万円）を市が補助してくれるからグループ
ホームをつくりやすい」といった情報もネットワークを通じて得られる。そし
て，情報交換の場を提供するのが自治体の研修会であったり，NPOの中間支
援組織であったりする。また，助成金に応募するためには，企画書や申請書を
作成する人が必要である。こうした人材は外部から，例えば企業にいたとき
に，企画書づくりなどに慣れている人に来てもらったりして確保することにな

る。

2）経済的自立のむずかしさ

　NPO で自立という場合，民間企業のように毎年単独で利益を計上していくことを意味していない。収入をみる場合，行政からの補助金，民間からの寄付や助成金と並んで事業収入から得られる利益を全体として考える必要がある。それにしても，小規模作業所では，自立には程遠い実態がある。この点では，国による社会保障費の削減の影響が大きい。2007 年度の場合，国による補助金は一小規模作業所につき年間 110 万円を一部の団体に出しているだけで，都道府県による補助金額も大きな地域差があり，平均すると 400 万円程度という低額に据え置かれている。NPO の経済的自立がむずかしいのは，社会保障水準の低さの反映なのである。

　あらためて，次のようなスタッフの発言に耳を傾けてみたい。「今の目標は，メンバー（通所者）に毎月 5 万円くらいの給料を払えるようになること。現在は，一番多い人で，1 万 8,000 から 1 万 9,000 円くらい。ほかに 6 万 5,000 円の障害者年金をもらっていても，全部生活費でなくなってしまう。」

3）当事者性の重視

　NPO の場合，その活動が利他的な動機から出発することが多いことはすでに述べた。その結果，財やサービスの流れが一方向にしか向かない贈与という形態をとることも指摘した。しかし，NPO でも最近は当事者性を重視しようという動きがある。

　何らかの課題を抱えている人がサービスの受け手としてだけではなく，スタッフやサポーターとして NPO の事業や運営に参加することもある。当事者が自分たちでグループをつくって自主的に運営すれば，それは協同組合にほかならない。障害者が自立した生活を送るために，あるいは社会参加を進めるためにつくられた小規模作業所にもそれがみられる。また難病や慢性疾患の「患者の会」もそれにあたる。当事者性を重視する団体の組織形態としては，NPO

から福祉法人や株式会社まで多様である。NPO という法人形態をとっていて
も，運営は協同組合のような出資，利用，参加が一体となったものもある。
NPO という組織形態はアメリカで生まれたものであるが，日本に導入されて
進化の過程にあるようにみえる。

3. 協同組合の可能性

▼ 協同組合とは何か

　協同組合の特徴は，一見してその多様性にある。日本の法律では，協同組合
には次のような種類がある。農業協同組合，漁業協同組合，水産加工業協同組
合，森林組合，消費生活協同組合，事業協同組合，火災信用組合，信用協同組
合（信用金庫），企業組合，協業組合，商工組合，商店街振興組合などである。
このうち，農業協同組合は農協とか JA とよばれ，消費生活協同組合は生協と
かコープとよばれて比較的よく知られているが，協同組合の種類がそれにとど
まらないことがわかる。また，ほかに，法制化されていないが労働者協同組合
（ワーカーズコープ）という種類もある。

　生活協同組合の組合員数は 6,783 万人（2016 年）[3] で，個人別加入率は 50 パ
ーセントを超えている。生活協同組合の数は 960 あまりであるが，規模の点か
らいっても多様性が目につく。生活協同組合といっても，ひとくくりにできな
い面がある。また，業界ごとに，業界の利害を政策に反映させたり，業界の秩
序維持のために自主基準（倫理綱領など）をつくったりすることを目的に業界
団体が組織されているが，その多くが協同組合の形態をとっている。

　このように協同組合は多様な存在であるが，もちろん共通性がある。その共
通性をまとめると，次のように定義することができる。公共経済学の定義によ
れば，協同組合はクラブ財ということになる。クラブ財とは，利用者が会員に
制限されているために，対価を支払わない人の利用はあらかじめ排除されてい
て，その上で共通の財産である土地，建物，金銭などを会員の誰もが他の会員
の利用を妨げることなく利用できるという性格をもった財のことである。これ

は，協同組合が組合員の組織だという意味を簡潔に表現した定義になっている。組合員という特定された人びとのための共有財産（経済学では組織も財産である）が協同組合である。解説書などでは，出資，利用，参加が一体となった組織を協同組合とよぶことがあるが，これも協同組合が組合員の組織だという意味を組合員資格（組合員の権利と義務）に即して簡潔に述べたものである。つまり，共同出資者であり，利用者であり，かつ意思決定や運営に参加する人が組合員なのである。ここでは，法人格をもっているか否かにかかわらず，このような特徴をもつ組織を協同組合とよぶことにする。

　本章では，協同組合の典型として生活協同組合についてみてみることにする。先の協同組合の定義からすれば，現在の多くの生活協同組合は大規模化して会員資格がゆるやかになった会員組織である。大規模な分業のもとに，専門化した職務とそれらを調整する専門化したマネジメントが行なわれていることが特徴である。これは，一般企業でも同じである。ここで取り上げるのは，このような生活協同組合である。

▼　協同組合の活動主体について

1）組合員の変化

　こうした大規模な組織では「所有と経営の分離」が避けられなくなる。一般的に，所有と経営の分離とは，株式会社の発展により，その所有者である株主が何千人，何万人と増えることによって株式所有が分散し，それとともに相対的に大株主の持株が低下し，他方では経営管理の職能が専門化するために，株主が経営全般にわたる管理を遂行しにくくなり，経営の支配権が専門経営者に集中する現象をいう。これを生活協同組合に置き換えると，次のようになる。協同組合の発展により，その所有者である組合員が増えて持分（共有者の権利の割合）が分散するとともに相対的に参加意思のある組合員の持分が低下し，他方では経営管理の職能が専門化するために，組合員が経営全般にわたる管理を遂行しにくくなり，経営の支配権が専門的経営者に集中するようになる。

　もちろん，これは一般的な傾向にすぎない。「所有と経営の分離」がどの協同組合でも同じようにみられるわけではない。しかし，こうした分業体制が組合員のあり方を変化させていることは否定できない。現在の生活協同組合は，専門化し効率化することによって，より低いコストで事業を行なうことができるようになったので，出資，利用，参加という組合員資格については，それほど高い水準が求められなくなった。クラブ財の定義に戻れば，生活協同組合においてはこれまで共有財としての施設や情報や知識などの資産がそれなりに重視されていたのに対して，現在の生活協同組合の場合はますます私的財としての一般的な商品の存在が大きくなってきている。これは，組合員が利用者（商品の購入者）として顧客化しつつあることを示している。「私の実家では，母が生協の宅配を利用しているけど，生協はちょっと変わったスーパーぐらいに思っていた」という印象は，組合員の顧客化を反映している。そして，組合員の顧客化は，事業が成熟しつつある証拠だともいえる。成熟した事業体，これが現在の生活協同組合の姿にほかならない。

2）主体の複数制

　現在の生活協同組合は，おもに，組合員，職務に専門化した職員，マネジメントの専門家によって構成されている。複数の主体があれば当然，視点の違いが生まれる。視点の違いによって，事業のあり方に対する理解にズレが生じることがある。組合員は生活者の立場から，商品の安全性や価格について問題点を指摘し，マネージャーはこうした組合員の声に対して専門的な立場からさまざまな制約条件を指摘したりする。この違いやズレは，それが抜き差しならない対立に発展しないかぎり，むしろ必要なことである。生活への視点を持続させるためには，視点の多様性を確保することが必要だからである。

　共通の関心をもとに，一定の目的を果たすために人為的につくられた集団という意味で，生活協同組合は学校や会社などと同じアソシエーションである。個人が肩書きなどによらず，あくまでひとりの人間として参加する組織（人的結合の組織）がアソシエーションである。同じ会社（協同組合も経済活動を行

なう組織という意味では会社である）でも，株式所有に基づく物的結合の組織である株式会社はアソシエーションとはいわない。このアソシエーションに対置されるのが，習慣や伝統などの共通感覚のもとに自然に形成される集団を意味するコミュニティである。このように，アソシエーションとコミュニティを対立するものとして考えるのが一般的である。しかし地域社会というコミュニティのなかにアソシエーションがあるように，アソシエーションのなかにコミュニティがあってもおかしくない。

　ところで，生活協同組合が発展して合理化が進むほど，要求の実現をめざす活動が専門家によるニーズへの対応に変わっていく。本人も気付いていない潜在的欲求が専門家によって把握されグルーピングされて，そのセグメントに向けて商品が開発され，販売促進活動が展開される。これは，事業も活動も予算制約のもとにある以上，避けられない傾向であるし，合理的でもある。予算制約のもとでニーズを実現することがマーケティングである。しかし，マーケティングが成功するほど，組合員や職員が集団として試行錯誤したり学習したりすることが少なくなり，その結果として生活協同組合のなかのコミュニティの存立基盤が失われていくことになる。

　これは，現在，生活協同組合にみられる一般的傾向である。それでも，依然として無数のコミュニティからなっているのが，人的結合の組織としての生活協同組合の特徴である。こうしたコミュニティの存在が複数性の基盤になっている。次に，友人関係のネットワークに注目して，生活協同組合におけるコミュニティの姿をみてみることにする。

▼ コミュニティをめぐって

1) 友人関係のネットワーク

　ここでは，まず，ネットワークという用語の意味を確認しておく必要がある。《ネットワーク分析》という社会科学の領域があるが，そこでは「関係性のパターン」をネットワークということになっている。コミュニティを関係性のパターンとしてみることも可能である。ところで，生活協同組合にもコミュ

ニティとしての側面が多様に存在することは先に述べた。それは，共同購入の
グループ（班）や子育てサークルでの友人関係やそこでの連帯感にみることが
できる。

　共同購入グループや子育てサークルにみられる関係性は，今や世界的に共通
した現象といえる。少し長くなるが，イギリスの社会学者であるデランティが
『コミュニティ』という本のなかで行っている分析を紹介してみよう。「友愛は
社会関係の中で次第に重要なものになっており，家族や親族に取って代わりつ
つある。友人が家族やコミュニティから，さまざまな仕事や義務や機能を引き
継いでいるというのである。家族がその中心をなしていた伝統的コミュニティ
は，現実の社会関係にほとんど基盤をもたなくなっており，単なるノスタルジ
アにすぎない場合が多い。…（これに対して）今日では友人関係に基づく個人
的ネットワークが決定的な役割を果たしており，支援の提供という面で家族を
支えている。親の近くに住もうとしない人が増えたために，そうした人びと
は，育児，病気，日常生活の諸問題に関わる実際面に対処するにあたって，他
からの支援に頼らなければならない。こうした問題を解決するためには近接性
が重要であり，女性の職場進出の増加，離婚や別居の増大にともなって増大す
るストレスや不確実性，仕事や感情的なプレッシャーに対処するために，新た
な社会的絆が求められている。」

　これは欧米の事例をもとにした評価であるが，そのまま日本の共同購入のグ
ループのことだと聞かされてもまったく違和感がない。共同購入のグループは
近所の組合員が商品を分け合う単位というだけでなく，子育てに関する相談や
助言といった，生活に欠かせない，それだけに切実な交流の場でもあった。友
人関係といっても，そこにはもちろん濃淡がある。しかし現在では，友人関係
こそコミュニティの原点といえる。遠くの家族より役に立ち，心を寄せること
ができる存在であるかもしれない。共同購入のグループや子育てサークルは，
まさに普遍性をもった社会活動なのである。

2) コミュニティをつくる

こうした新しいコミュニティのあり方に早くから注目してきた毛利敬典が，「共同購入グループの中で行われていることは単なるコミュニケーション以上のことだ」と，くりかえし強調する意味もここにある。共同購入の役割を説明するときに社会学などでよく使われる言葉が「コミュニケーション」であるが，「コミュニケーション」という言葉が皮膚感覚的になじんでこないというときに，彼が念頭に置いていることは，次のような事実である。

「コミュニケーション」は共同購入グループのなかで行われていることの一部ではあるが，彼が大事にしたいと思っているのは，「関係性」とか「つながりの実感」とか，かなり幅広いものである。例えば家族で公園に遊びに行って，芝生の上でお昼を食べた。ふと隣をみたら，子どもが生協でしか扱っていない《ミックスキャロット》を飲んでいる。そういうときに組合員は，「お隣にいる人も生協の組合員なんだ！」と思う。その途端，なんだかとても親しい感じがして，声をかけたくなる。こういう気持ちを含んだもの，それが生活協同組合のなかに芽生えたコミュニティのようなものだというのである。この話を，組合員のロイヤリティの高さやコープというブランド力の強さのことだと理解したら本質を見誤ることになる。偶然に出会った組合員との間に生じた共感は，先の友人関係のネットワークのような経験が組合員にあったからこそもちえた感情であった。

生活協同組合は，大規模化し経済活動に力を入れすぎだという批判もある。中間団体ではなくなって組織の利益のための組織に変質しているのではないかと危惧されているのである。しかし，組合員相互の助け合いが行なわれているところでは，コミュニティを形成するのに欠かせない共通感覚，そのための共通の経験の蓄積が存在するのである。

ところで，経済活動とコミュニティはいつでも相性が悪い。一方が直接的人間関係を前提にしているのに対して，他方は場合によっては人間の意思や感情を無視して市場の論理や組織の利益が優先されるからである。しかし，生活協同組合においては，共同購入グループや子育てサークルが事業（経済活動）を

通じて広がった組合員のネットワークによってくらしを支え，活性化する社会的絆になっているという事実がある。経済活動には，ネットワークを広げる力がある。

　生活協同組合が内包しているアソシエーション（産直や平和活動などのための委員会等々）やコミュニティは，事業によっても支えられている。一般的に，事業を通じてネットワークが広がるのは，ネットワークが取引のために使われる時間とエネルギーを節約する制度だからである。関係性がパターン化され，信頼が高まれば，取引費用が節約できる。取引費用の節約は生活協同組合と組合員の間にもみることができる。商品と商品を届けてくれる職員を媒介として何重にも張り巡らされたネットワークが組合員のコミュニティを支えているのである。社会全体に視点を置いてみると，企業はネットワーク間で競争しているというのも事実である。しかし，産直の場合のように生産者と消費者という，それまで出会うことのなかった異質の主体の間でネットワークができることもある。これは，組織間ネットワークと個人的ネットワークが結合した事例である。さらに，組合員と職員の間でつくられるネットワークもある。生活協同組合をネットワークの束としてみたとき，地域社会はまた別の姿をとって現れてくる可能性がある。

4.　中間団体からみた地域社会の意味

▼　地域とは何か

　中間団体について考えるときに，地域社会との関係を忘れることはできない。ここでは，地域社会を中間団体のネットワークと捉える議論を紹介し，その積極的な意味を考えてみたい。地域社会のような社会科学の基本用語でも，さまざまな意味で用いられるために，一義的に定義することがむずかしくなってきている。地域社会が，地域共同体（コミュニティの旧いいい方）という意味で使われていた時期もあった。地縁や血縁で結びついた人びとの集団が共同体なので，地域共同体という用語はもともと社会的移動が今日のように活発で

なく，生産の絶対的条件として相互扶助が行なわれていた農村社会の産物だった。しかし，現在では，交通手段と情報技術の飛躍的発展によって，住民の相互扶助が行なわれる空間だけでなく，EU（欧州連合）や東アジアも地域社会とよばれるし，市町村の単位や何らかの相互関係が存在する空間を地域社会という場合もある。そして，このなかから選ばれた特定の意味が，恣意的に使われたりするため，地域社会のイメージが曖昧になり，地域社会に関する議論が混乱をきたすような状況もある。

　そこで，ここでは，地域社会という用語がカヴァーする範囲をかなり広げて，何らかの相互関係が存在する空間を地域社会ということにする。相互扶助も相互関係の一部である。人びとが社会参加する場面を考えてみても，ひとりで対処できることは限られている。ボランティア活動も多くの人の世話になってはじめて取り組むことができるからである。

　それでは，あらためて地域社会という用語の使い方を整理しておきたい。先に述べたように，地域社会という言葉は，社会科学の基本用語であるにもかかわらず，その意味があまりにも拡散してしまったので，もはや専門用語ではないという意見すらある。まず，専門用語としての地域社会には，さまざまな定義がありうるが，とりあえず「一定の地域的範囲の上に，人びとが住む環境基盤，地域のくらし，地域の自治の仕組みを含んで成立している生活共同体」（以下『広辞苑』第5版）というものがある。現在，この生活共同体の意味とその有効性が問われているのである。では，生活共同体とは何か。

　共同体とは，「血縁的・地縁的あるいは感情的なつながりを基盤とする人間の共同生活のあり方で，相互扶助と相互規制が行なわれている」ことを特徴としている。そして，この共同体は，特定の目的を達成するために結成される組織と対置される。この組織が，「共通の関心をもとに一定の目的を果たすため人為的につくられた自律的な団体」，つまりアソシエーションである。専門用語としては，地域社会はアソシエーションと概念上対立するものとして置かれている。このアソシエーションは組織のことで，歴史的には株式会社や中間団体などの原型だった。なお，組織とは，共通の目的のもとに役割分担が行なわ

れ，継続して存在する人びとの集団のことである。

　一方，日常用語としての地域社会には，ただただ空間的な広がりを意味している場合を含め，もっと平板なイメージがある。これに対して専門用語としての地域社会は，まだ社会の流動性が低く，その基盤である家族が安定していた時代の産物で，いまでは現実との離齬も大きくなってきている。地域社会は家族や個人からなる共同体だった。共同体は，定義，感情をもたない団体によって構成されることはない。これに対して，近代社会では，地縁による結びつきも血縁による結びつきも弱くなったので，替わってそれを補完するさまざまな団体が生まれてきたのである。個人や家族だけでなく，さまざまな中間団体によっても構成されているのが現在の地域社会である。

▼ 現代の地域とソーシャルキャピタル

　人びとの流動性が高くなるにつれて地域社会が衰退する。つまり人びとの相互扶助が衰退する。そして，地域社会の間の相互依存性も強くなる。人びとの相互扶助の範囲が地域を越えて広がっているからである。こうした地域社会は，一般的に考えられているように整然と並んだ行政区画のようなものではない。ある特定の地域社会の出来事は，例えば生活保護の受給問題のように，ただちに市町村や国の意思決定の問題に直結する。その主体，課題，範囲のどれをとっても，地域社会現象は重なりながら広がり，ひとつの地域社会をとってみれば，例えば生産や流通のネットワークのように，その内実つまり相互関係の範囲はますます拡散していくことになる。

　しかし，地域社会の内実がうすれているからといって，地域社会はどうなってもいいというわけにはいかない。相互扶助がなくても人間は生きられるというのは錯覚である。また，物理的空間としての地域が意味を失ったわけではない。ルーツ，アイデンティティ，帰属，これらのよりどころとして，地域社会の存在意義はいまでも大きい。社会的にも個人的にも，経験を共にすることの意味は大きいからである。何か問題が発生するのも，その問題を解決するのも地域である。問題ごとに，それぞれの地域が重層的につながり，場合によって

は地球的規模に広がる。この意味で，地域社会は社会のすべてだといってもいい。その場合，人びとは複数の地域社会に属することになる。そして，友人関係や連帯といった社会的絆にとって，地域社会は依然として重要な空間なのである。

1）ソーシャルキャピタル

　市民一人ひとりにとってみれば，協同組合，NPO，市民運動団体，自治体等々のネットワークからなるのが地域社会である。個人の限界を超えて，可能性や別の視点を広げる場としての地域社会がネットワークとしての地域社会である。地域社会をどのように理解するのかということも，団体がどのような判断に基づいて，どのような役割を選択するかにかかっている。団体の存続を自己目的化しないようにするためには，この役割の選択（使命）が重要である。しかし，このこととは別に中間団体に共通する固有の役割がある。ソーシャルキャピタルの形成がそれである。そして，地域社会におけるネットワークのことをソーシャルキャピタルという。

　ソーシャルキャピタルという用語は，アメリカで生まれた。1960年代に《ネットワーク分析》という新しい社会科学の領域で使われはじめ，貧困や差別といった地域社会のあり方が争点化するにつれて注目されるようになったのである。欧米では1980年頃から，家族やコミュニティの価値を見直して宗教や伝統の役割を重視しようという保守的な人びとが政治の世界で大きな影響力をもつようになり，家族やコミュニティへの関心が高まった。こうした背景のもとで1990年代に多くの人がソーシャルキャピタルに注目するきっかけをつくったのがR. D. パットナムである。

　パットナムは，中間団体への人びとの積極的な参加によってつくられる信頼のネットワークのことをソーシャルキャピタル（social capital）とよんだ。なお，ソーシャルキャピタルは日本では「社会資本」とか「社会関係資本」と訳されることもあるが，本章では，そのまま，ソーシャルキャピタルという用語を使うことにする。

2）信頼

ソーシャルキャピタルにとって，もっとも重要な必要条件は信頼である。パットナムによれば，ソーシャルキャピタルは，コミュニティにおける「調整された諸活動を活発にすることによって社会の効率性を改善できる，信頼，規範，ネットワークといった社会組織の特徴」のことをいう。具体的には，「水平型秩序の集団（例えば，スポーツクラブ，協同組合，相互扶助協会，文化団体，自発的労組）の会員制度」をさす。ここでは，パットナムがアソシエーションの構成員の積極的参加に言及していることに注目したい。なぜなら，「もし，市民的積極参加の水平的なネットワークが，（その）参加者が集合行為のジレンマを解決するのに役立つならば，組織は水平的に構造化されればされるほど，より幅広いコミュニティにおける制度の成功をおそらく促進するはず」だからである。そして，ソーシャルキャピタルは，「民主主義がうまくいくための鍵となる重要な要素」であり，結果として「市民的積極参加の水平的なネットワークの形となって表れたソーシャルキャピタルが，政治体や経済のパフォーマンスを高め」ることになるという。ソーシャルキャピタルは地域社会の政治的安定と経済成長には不可欠だというのである。そして，この信頼は個人的な感情の問題でもあるので，信頼のネットワークは個人間のネットワークでなければならない。

3）中間団体の役割

先に，中間団体にとっては使命が重要なので役割を定義することが必要だと指摘した。ここでは，役割ということの意味が鍵になる。地域社会や中間団体についての客観的な定義から一義的に役割が出てくるわけではないからである。相互扶助や個人の自律ということがいくら重要だといっても，それは理念であって，それだけでは目的にはならない。役割は具体的に何をするかということである。役割は，はじめからそこにあるものではなく，具体的な選択肢のなかから選びとるものである。

しかし，ソーシャルキャピタルという概念が提起されたことで，個別の役割

を超えた中間団体に共通する固有の役割があることが理解されはじめてきた。それが信頼のネットワークの形成であり，そのことによる地域社会の政治的安定と経済成長である。ただし，中間団体がこのような役割を果たすためには，その構成員が自律した個人としてネットワークに参加していることが必要である。

4）集合行為のジレンマ

　そして，実際に地域社会では人びとがさまざまなネットワークに参加している。しかし，その地域社会は集合行為のジレンマに満ちている。集合行為のジレンマとは，お互いの利益のためには協力したほうがいいことはわかっていても，他人の行動が予期できないために協力が成立しないことを意味している。例えば，公共財には対価を支払わない人の利用を排除できない性質があるため，コストを負担しようという動機が人びとからなくなっていくような事例をさしている。

　この集合行為のジレンマを克服するのが，コミュニティの機能である。パットナムも「集合行為のジレンマ克服の成功や，ジレンマが生み落とす自滅的な機会主義は，特定のゲームが行われる広範な社会的文脈に左右される。自発的な協力がえられやすいのは，互酬性の規範や市民的積極参加といった形態でのソーシャルキャピタルを，相当に蓄積してきたコミュニティである」と述べている。

　それでは，どのようなコミュニティが集合行為のジレンマにより有効なのだろうか。コミュニティの団結や集合行為の維持には，強い個人間の結合（例えば，親族関係や親友関係）は，弱い結合（例えば，知人や第二次集団の参加成員）ほど役割を果たさないという研究もある。弱い結合のほうが，特定の集団内部に固まってしまいがちな強い結合より多様な小グループのメンバーを結びつける傾向にあるからというのが理由である。人間関係が濃密だがタコツボ化した水平的ネットワークは，各グループ内での協力は維持させるが，異質で多様な個人を横断する市民的積極参加のネットワークは，もっと幅広い協力を育

てるという主張もある。これはコミュニティだけでなく，中間団体にも参考になる視点である。

5）ソーシャルキャピタルと自治

　最後に，ソーシャルキャピタル自体は何も新たに提起された目標でもモデルでもない。これまで，生活協同組合や日本の市民運動のなかで議論されてきたことでもある。「民主主義の学校としての生活協同組合」や「消費者と生産者をつなぐ産直」についての議論がそれである。障害のある人が仕事をすることによって社会参加していく場をつくったのは，小規模作業所だった。主婦が農家の実態に触れたり，自治体や企業と交渉したりする機会をつくったのは生活協同組合である。団体の構成員の自律とか成長といったことが重視され，繰り返し取り上げられてきたことは戦後日本の社会運動の特徴といってもよい。ソーシャルキャピタルを取り上げたのは，これまでの議論では十分に展開されていない論点があるからで，それが中間団体に対するより積極的な位置づけを可能にするからである。

まとめにかえて

　本章ではこれまで，NPOや生活協同組合を通じて人びとが社会問題に関心をもち，あるいは社会参加していく様子を紹介してきた。NPOや生活協同組合が個別の課題を取り上げていたとしても，その活動が地域社会に開かれ，コミュニティやソーシャルキャピタルの形成に寄与していることも明らかにしてきた。人びとが中間団体を通じて社会参加していくことは，公共性が実現されていく過程にほかならないのである。

　公共性には，社会全体の利益のために個人の利益を犠牲にする側面もある。道路をつくるために長年住みなれた家から立ち退きを迫られる場合もそうである。公共性は少なすぎても困るが，多すぎることも社会にとっては危険である。公共性の名のもとに個人が必要以上の犠牲を払わないでもいいように，中

間団体は公と私の間に立って少数者の声を取り上げ，公共性の暴走に歯止めをかける役割も期待されている。

　地域社会には，本章で取り上げた事例を越えて多様な中間団体が存在する。このように，多様な中間団体が存在することが，地域にとってもそこで生活する私たち一人ひとりにとっても重要な意味をもつことを確認しておきたい。地域社会の衰退とか，地域社会がおかしいという声をかなり前から聞いていたような気がするが，それは中間団体の多様性が失われた結果である。人びとの間で相互扶助が行なわれなくなったというのは結果であって，地域社会の衰退と同じことをいっていることになる。最近の進化論やゲーム理論の研究からも明らかなように，多様性はあらゆる有機体にとって生存の安全弁であり，進化のために不可欠であることがわかっている。しかし，利便性や効率性の観点からは，社会や組織のなかに存在するコミュニティとしての要素，例えば人びとのルーツ，アイデンティティ，帰属欲求，共感といったものは無用なものであり，むしろ目標達成の障害として排除される傾向がある。地域性を無視して画一化することが進歩だという主張さえある。経済活動の自由を主張するほど，地域社会では自由と複数性が少なくなるという転倒が起きている。この際，自由を制限すべきだという主張もある。この画一化の傾向に対抗して自由と複数性を持続させることが，地域社会が持続していくための条件となっている。自由と複数性を実現するためにも，中間団体の役割がますます必要とされている。

〈コラム　コミュニティとアソシエーション〉

　いずれも社会科学を代表する基本用語である。長い時間をかけて使い込まれてきただけに時代とともにその意味は変化している。現代では，人びとが共に属しているという感情をもてる集団をコミュニティといい，人びとが共通の目的を実現するためにつくった組織をアソシエーションといったりする。

　現代でも，コミュニティを地域社会とか共同体と言い換えたり，アソシエーションを「人為的につくられた自律的な結社」とよんだりすることもある。ところが，地域社会という用語がインターネット上のコミュニティには当てはまらなか

ったり，共同体という用語が血縁とか地縁といった集団に個人が埋没している印象をもたせるために現代ではあまり使われなくなってきている。しかし，共通の経験の蓄積によって形づくられるのが共属感情だという考え方からすれば，経験の蓄積の場としての地域は無視できない。結局，コミュニティを定義するときに，共属感情と共通の経験を蓄積すること，この二つのどちらを重視するかによって，コミュニティという用語に地域社会という意味をもたせたり，もたせなかったりすることになる。

　コミュニティとアソシエーションという用語が使われるようになったのには，アメリカの社会学者マッキーバー（1882 ～ 1970）の影響が大きいといわれている。マッキーバーは，血縁や地縁など自然的結合により共同生活を営む社会集団（家族や村落など）をコミュニティ，村落や都市などの基礎社会のなかで，共通の利害関係に基づいて人為的につくられる組織（会社，組合，サークル，学校，教会など）をアソシエーションと定義した。この定義からすれば，この二つの概念の分岐点は自然的結合なのか人為的組織なのかということになる。しかし，当初ある目的のために人為的に集まってできた集団が共通の経験を積むなかで，もっぱら共属感情によって人びとが結ばれることもある。アソシエーションのなかにコミュニティができたり，コミュニティのなかにアソシエーションができたりすることもありうる。自然的か人為的かという区別は，必ずしも絶対的なものではないのである。

　コミュニティとアソシエーションの区別にとって，相互扶助と個人の自律の関係も重要である。コミュニティを共同体という場合は，共同すること，つまり相互扶助や相互規制を強調することになる。これに対して，アソシエーションという用語を使うときには，そのことによって構成員が自律的な個人だということを強調していると考えることができる。しかし，社会の個人化が進んだ現在ではこの区別も絶対的なものではなくなってきている。コミュニティでもアソシエーションでも，現在では構成員は自由な個人である。また，協同組合のように，相互扶助のためにアソシエーションがつくられたりする。

　つまり，コミュニティもアソシエーションも社会科学の重要な基本用語であるだけに，これまでの使用例を十分踏まえた上で，社会の変化に対応して柔軟に使っていくことが必要とされている。

注
　1)　内閣府『平成 27 年度特定非営利活動法人及び市民の社会貢献に関する実態調

査報告書』平成 28 年 3 月。
2)　この項を執筆するに当っては，藤井敦史氏より提供された未公開の資料から示唆を受けた。この場を借りてお礼を申し上げたい。なお，ここで採り上げる事例は 2009 年 3 月末時点のものである。
3)　厚生労働省「平成 27 年度 消費生活協同組合実態調査」平成 28 年。

引用・参考文献
内閣府『平成 27 年度特定非営利活動法人及び市民の社会貢献に関する実態調査報告書』平成 28 年 3 月
川口清史・若森資朗・毛利敬典著，くらしと協同の研究所編『進化する共同購入─コミュニケーション，商品・品揃え，ビジネスモデル─』コープ出版，2005 年
厚生労働省「平成 27 年度 消費生活協同組合実態調査」平成 28 年
的場信樹「地域社会における生活協同組合の役割」『生活協同組合研究』373 号，生協総合研究所，2007 年
間宮陽介『増補ケインズとハイエク─〈自由〉の変容─』ちくま学芸文庫，2006 年
間宮陽介『丸山眞男─近代日本における公と私─』ちくま学芸文庫，2007 年
安田雪『ネットワーク分析─何が行為を決定するか─』新曜社，1997 年
Delanty, G., *Community*, Routledge, 2003.（山之内靖，伊藤茂訳『コミュニティ─グローバル化と社会理論の変容─』NTT 出版，2006 年）
Putnam, R. D., *Making Democracy Work: Civic Traditions in Modern Italy*, Princeton University Press, 1993.（河田潤一訳『哲学する民主主義─伝統と改革の市民的構造─』NTT 出版，2001 年）

第3章　公共と地域住民
―町内会を軸にした地縁型組織の可能性―

近藤　敏夫

はじめに

　町内会・自治会を基にして公共の場をつくることができるだろうか。公共の場に求められるのは「万人が関与し，万人を利する」ことである。町内会は住民すべてが関与するという意味で，ひとつのモデルになりえる。しかし，このような考え方に対して違和感を抱く人がいるだろう。町内会といえば，「出たくもないのに日曜早朝の草むしり清掃に参加させられる」「近所の人と親睦を深めたくもないのに運動会に参加させられる」といった強制的イメージがつきまとい，「たまの日曜日にドライブに出かける自由」を奪ってしまう存在として敬遠されることが多い。しかし，住民が私的な自由しか求めないなら公共の場は必要とされない。住民が必要とするのは，プライベートな領域の確保と，それを保障してくれる各種行政サービスである。つまり，私的領域と公的領域の2つがはっきりと区別された上で，それぞれが充実していればよいのである。この方向は敗戦後の日本が欧米を模範として実現してきた「福祉国家」である。しかし，これで本当に私たちの生活は豊かになったのだろうか。

　本章では，生活を豊かにする方法のひとつとして，町内という狭い地域に公共の場をつくることを提案する。仕事と余暇だけでなく，地域における社会活動が，私たちの生活には必要とされている。近年，政府の音頭で住民と行政の「協働」による地域活動の活性化が図られている。市民運動やボランティアだけでなく，町内会を代表とする地縁型組織にも期待がかけられている。この協

働を推進することが，わたしたちの生活を豊かにするひとつの道だろう。ただし，そのためには，行政の論理とは異なる発想が求められることに留意したい。

　以下，町内会を核にして公共の場を生み出すための条件を3つに分けて考えてみよう。第1に，住民すべてが町内の地域活動に参加すること，第2に，市民運動やボランティアなどが町内会と連携すること，第3に，行政と住民の協働が住民主導で実現することである。本章では，住民すべてが主体となって地域活動に関与し，住民すべての生活を豊かにする領域を公共の場とみなしたい。1. でまず町内会の特徴を説明してから，2. 以降で公共の場を生み出すための条件について考えてみよう。

1.　町内会とは何か

▼ 公と私が交差する位置にある町内会

　敗戦後の日本は高度経済成長を経て「福祉国家」を実現させてきた。その結果，住民の多くは行政サービスを受けながら私的な自由を楽しむようになった。このような生活は公私二元論に基づいているかのようにみえる。しかし，現在の日本では，主体は公の領域の行政であり，住民は受身の立場でしかない。住民はただ仕事と余暇に二分された私生活を忙しく過ごしているだけである。これでは主体的な市民が育っているとは言いがたい。欧米の個人主義のように主体的な市民がいなければ，そもそも公私二元論は成立せず，上意下達の一元論に陥る危険性がある。だが，日本には欧米の個人主義とは異なる次元で住民が主体になりえる場がある。

　日本では伝統的に地域の住民が一緒になってさまざまな活動をしてきた。今日の行政サービスの多くも，昔は地域活動で実現されたり，地域の人びとの了解で対処されたりしていた。残念ながら，現在，地域活動に参加する住民は少なくなってきた。地域の環境整備・維持，住民の相互扶助，冠婚葬祭の儀礼など，地域の特色や文化を生かした人びとの取り組みや交流は貧弱になり，地域

の人間関係が煩わしいものとして敬遠されるようになってきた。伝統的な集団主義が通用しなくなったのである。しかし，人びとが生活する上で地域活動は昔から必要とされてきた。また，現在でもその多くは形を変えながら受け継がれている。私たちの生活は町内の地域活動に支えられもし，また制約されもしてきた。町内会は，さまざまな地域活動を背景にして，行政などの公の領域と個人や家族などの私の領域が交差する位置に成立してきたのである。

▼ 町内会の歴史

　現在の町内会は，明治期以降，大正期，昭和期を経て展開・成立してきた。町内会には住民すべての生活を豊かにしようとする人びとの取り組みがみられる。町内会は日本のほぼすべての地域に存在し，住民の生活課題に応えてきた。いわば町内会によって住民は地域を共同で管理してきたのである。

　明治期，大正期の町内会は行政によって組織される以前に，地域で自発的に組織されていた。町内活動の代表例は，街路の清掃，防火・防災，電灯の管理，冠婚葬祭，各種の親睦活動である。これらの活動は町内単位で実施され，町内の住民が合意をとって地域を管理・運営してきた。現在のように正式な町内会は組織されていなくても，寺院や床屋などに近所の人びとが集まり，日常の生活課題について話し合いがもたれていた。このような町内の活動が町内会の母体のひとつである。

　大正期までは，行政サービスが町内レベルの生活課題に対処することがそもそもなかった。そのような状況のなかで，地域によっては正式な町内会が自発的に結成されたのである。ところが，昭和期になると，軍国主義化と並行して町内会が国家によって急速に組織されることになった。この不幸な歴史が現在まで町内会にマイナスのイメージをもたせている。行政の意を受けた町内会活動には，都市祝祭（例えば，昭和天皇の即位を祝う御大典），公金徴収，自治防火，運動競技などがあった。つまり地域の特色を生かすための組織化ではなく，全国一律に国家行政の末端機構として町内会が組織され，戦時体制下には町内会が「銃後の町鑑（かがみ）」として讃えられるようになった。「銃後の町

鑑」とは，戦場の軍人を故郷で支える象徴的な模範活動，例えば竹槍訓練を，町内会が競い合って行なうことを意味した。

　敗戦後，GHQ（連合国軍最高司令官総司令部）は町内会を反民主主義的組織として禁止した。しかし，ほとんどの地域で町内会が実質的に存続し，都市部では自治会という名で新たに組織されもした。町内会に戦時中の否定的イメージがつきまとっていたにもかかわらず，なぜ全国いたるところで町内会が存続・成立したのだろうか。町内会には地域社会で担わなければならない働きがあると考えざるをえない。戦時体制下に町内会が国家から不幸な役割を担わされたことは事実だが，町内会が地域社会で公共的な役割を担ってきたこともまた事実である。

　ただし，高度経済成長期以降，「福祉国家」が実現されるにつれ，生活課題に対処する母体であった町内会が形骸化してきた。地域の環境整備や福祉活動が行政サービスに移行された結果，住民が行政サービスの受容者に位置づけられ，町内会は行政サービスの末端機構として連絡係や雑用係を引き受けることになった。例えば，赤い羽根募金の徴収，資源ゴミの分別回収作業など，町内会は行政の下請けという側面をもつ。だが，まさに下請けであるからこそ，町内会は住民の生活課題を直接把握する位置にあり，その必要性と可能性はなくなっていないともいえる。

　町内会は公と私が交わる位置に成立・存続し，公共の場の母体となってきた。しかし，戦争を契機にして公共の領域の主導権は行政が握るようになった。今後の課題は，住民が主体となって地域社会に公共の場をつくっていくことである。

▼ 町内会の特徴

　ここで町内会の基本的特徴を以下の5つにまとめておこう。

① ［地域区画性］

　町内会は伝統的に地縁で結ばれた住民たちの組織であり，住民の日常生活の場である狭い地域に存在してきた。通常は一つの小学校区に複数の町内会が存

在し，その区画が相互に重なり合うことがない。また，町内会の存在しない居住地域は全国的にほぼみあたらない。

　現代では住民の生活圏が広域化し，居住する地域と職場や学校のある地域とが異なることが多くなった。しかし，町内のような狭域が無意味になったとはいえない。むしろ，身近な生活圏としての狭域が見直されてきている。とくに子どもや高齢者にとっては狭域における生活を豊かにすることが大切だろう。

②［全世帯加入］

　町内会は個人を単位とせず，世帯を単位として組織される。通常，町内会の会員には世帯主が登録されるが，世帯単位の加入であるため，世帯全員が町内会の構成員になる。結婚，出産，転入などで世帯に新たな人員が増えると，自動的に町内会の構成員になる。ひとり暮らしの住民も，個人としてではなく，ひとり世帯とみなされる。町内会が世帯単位で構成されているのは，ゴミ処理や防火・防犯など，日常の生活が世帯ごとになされていることに関連している。

　そして，町内会が反民主主義的であるとして批判される点であるが，町内会には原則的にすべての世帯が加入することになっている。公私二元論の発想からすれば，全世帯加入の原則は市民の自由や主体性を無視するものである。しかし，この全世帯加入という集団主義的発想を拒否する住民はほとんどいない。多くの住民は，消極的にではあっても，町内会に加入しているのである。また，たとえ町内会に正式に加入していない住民であっても，町内会と何らかのかかわりをもって生活せざるをえない。なぜなら町内会の活動は町内の全世帯を対象にしてなされるからである。例えば，地域の環境整備・維持などは，町内会に加入していない住民も，その恩恵を受けて生活している。

③［班・組の下位組織］

　町内会の下位組織には班（または組）がある。10世帯から20世帯の近所同士が一つの班になる。班単位で会合が開かれ，班長，防犯委員，体育委員などの役職は輪番で分担する。近所の顔見知りで役職を回すので，フリーライダーが出にくくなっている。ただし，全世帯が平等に役職を分担するのではなく，

例えば高齢者のひとり世帯は分担が免除されたりする。

　町内会の各種イベント（運動会，町内一斉清掃など）には班単位で参加する。近所の住民同士が声を掛け合って町内会活動に参加が求められるが，この声掛けが腰の重い住民を引っ張り出す働きをもっている。班のなかの顔見知りの住民が輪番で役職を分担し，声を掛け合って町内会活動に参加することが，町内会を存続させてきた大きな要因になっている。

④［包括的関与］

　町内会は地域のあらゆる生活課題にかかわっている。全国共通の活動として，地域の環境整備・維持と親睦活動がある。その他，地域によって町内会はさまざまな生活課題に関与してきている。例えば，産業廃棄物処理場にかかわる問題が生じると，町内会を母体にして問題に対処することがある。町内会があらゆる生活課題に関与するという特徴は，予測不可能な問題が生じたときに有効である。町内会が地域の生活課題に対処し，地域を共同で管理するものであるなら，その働きを限定しておかない方がよい。なお，町内会の働きについては 2. で詳しく述べることにする。

⑤［地域代表性］

　町内会は町内という狭い地域を代表する組織である。加入世帯がすべて参加して総会が開催されたり，代議制を採る場合でも選挙で委員が選出されたりする。このように町内を代表する手続きをとってさまざまな生活課題が審議されるのは町内会だけである。町内会に加入していない世帯があっても，住民全員の意思を聞く努力をし，その運営が民主的になされるなら，町内会の正統性は保障される。町内で起きた問題について何らかの意思表示が必要なときは，町内会が住民に対しても行政に対しても，その権限と責任を負ってきている。今後も，町内会は地域住民の代表として，行政や企業との協働を推進する母体になりうるだろう。

　以上の特徴にみられるように，日本では町内会が町内という狭い地域に当然のごとく存在し，地域のあらゆる生活課題に対処してきた。地域の生活には共

同のルールが不可欠である。日本ではこの共同のルールを全世帯加入の町内会がつくってきたのである。この意味で町内会は一種の地縁的自治組織であるといえる。町内会は根強く存在してきた歴史をもち，今後も住民の生活課題に応えていくことが期待される。

　町内会は住民のすべてが関与し，住民の生活を豊かにする活動を行ってきた。私的な利害関心でもなく，行政からの公の指導でもなく，住民自身が主体となって住民のために活動をすることが，町内会の望まれる姿である。公共の場に「万人が関与し，万人を利する」ことが求められるなら，町内会は公共の場を実現していく小さな単位になりうるだろう。

▼　町内会に準ずる地縁型組織

　町内には町内会以外にも，多くの地縁型組織がある。例えば，青年団，婦人会，壮年団などは，町内にある伝統的な地縁型組織である。これらは地域によっては町内会の部会に位置づけられている。年齢と性別の属性によって集団が形成されるが，このような集団主義的発想が町内会を核とする地縁型組織の活動を支えている。住民の多くがライフステージのある段階で地縁型組織に参加するからこそ，地域活動の継続性と地域文化の継承性が保障されるのである。また，伝統的な地縁型組織に加えて，公民館，PTAの地区子供会，少年野球なども，地域に根ざした活動を展開している。これらの活動は新参者の住民も積極的に参加することができる活動である。これらの地縁型組織を含めると，住民の多くが何らかの地域活動に参加し，また世帯のなかの誰かが地域活動に参加していることになるだろう。

　町内会とその他の地縁型組織はメンバーシップが重複している。そのため，たとえ各種地縁型組織が町内会の部会に編成されていない場合でも，町内会を母体とした連携が実質的にとられている。公民館を例にすると，その建設費や維持・管理費は町内会の予算に組み込まれていることが多い。また，町内の行事に必要な機材・設備は町内会が購入するが，それらは公民館等に保管され，各種地縁型組織で利用されている。つまり，会合場所にしろ，行事の機材・設

備にしろ，町内会の所有物を地縁型組織で共有していることになる。町内会の動産・不動産は，町内の住民で共有しているものと考えられ，各種地縁型組織は当然のごとくそれらを利用するのである。また，各種地縁型組織の行事開催日は町内会の日程に合わせて調整される。このような理由から，本章では，町内会との関連で各種地縁型組織も取り上げることにする。

2.　住民すべてが地域活動に関与するために

▼ 住民すべての生活を豊かに

　町内会活動には全国的に共通しているものがある。本章の冒頭に，町内会活動のイメージとして，「出たくもないのに日曜早朝の草むしり清掃に参加させられる」と「近所の人と親睦を深めたくもないのに地域の運動会に参加させられる」をあげておいたが，この2つは町内会が取り組むべき課題を典型的に示している。すなわち，(1) 地域環境の整備・維持と，(2) 相互活動の促進・充実である。

　例として，A市のある町内会の総会議案書から平成28年度の歳出項目をみてみよう。代表的なものとして，土木費（道路や生活排水の改良費，公園の維持管理費），消防諸費及び防交費（消防団員や交通防犯員の手当），財産造成費（公民館の修理積立金）がある。これらは地域環境の整備・維持の項目である。次に歳出項目として，祭典費，公民館助成，体育奨励費，古里づくり助成などがある。これらは相互活動の促進・充実に相当する項目である。その他，バーベキュー・パーティーや忘年会などの親睦活動費があるが，これらの諸費用は町内会の下位組織である班の予算案に計上されている。また，歳出項目にはあげられていないが，町内一斉清掃の日時や資源ゴミ分別回収当番の日時が記載されており，住民の無償の労働で地域の環境が整備・維持されていることがわかる。なお，町内を越えるレベルの清掃・美化や土木事業については行政への要望事項として審議されている。

　まず，地域環境の整備・維持についてであるが，これはいうまでもなく住民

すべてにかかわる生活課題である。町内の環境には小川や鎮守の森などの自然環境だけでなく，小路や小公園，公民館の建物などの人工的環境がある。行政サービスによる一律の環境整備・維持は地域の特色に合っていないこともある。国は国家レベルの環境整備を行ない，都道府県は都道府県レベルの，市町村は市町村レベルの環境整備を行なっている。それでは，町内レベルの環境の整備・維持は誰がするのか。生活用水の清掃，小路の草むしり，街灯のメンテナンスなど，町内の環境は誰がかかわればよいのか。日本では町内会が町内の環境を整備・維持してきたのである。

　次に，相互活動の促進・充実も，地域生活を豊かにするという意味で，住民の生活課題である。地域の文化は町内会の相互活動によって継承されることが多く，町内会は地域の特色を生かした生活の豊かさを生み出すことに寄与してきた。地域の運動会は住民の親睦を図るシンボル的な行事であるが，この他に班で実施する行事も加えると町内会活動には住民の親睦を図るものが多い。余計なお世話という考え方も当然ある。しかし，町内の人びとがコミュニケーションをとり，相互活動を継続していることが，生活課題に対処するための土壌になる。阪神・淡路大震災（1995年）や東日本大震災（2011年）の教訓にみられるように，地域社会に相互活動の土壌があると，いざというときに住民の生活課題に対処することができるのである。

　この他にも地域によってさまざまな町内会活動がある。新たな問題が生じたり，要望が出てきたりすると，総会で案件として審議され，活動がスタートすることになる。町内会が特定の目的を前提にしていないからこそ，住民すべての生活にかかわる包括的な働きを果たすことができるともいえる。

▼ 住民の多様性に応じた参加のあり方

　町内会に全世帯が加入することは原則であるが，実際にどれほどの住民が町内会活動に参加しているのだろうか。近年，忙しさを理由に参加しない住民が増加したとされるが，この場合も，例えば班長などの役職が当たる年度だけ参加したり，世帯単位でみれば誰かが町内会活動に参加したりしていることが多

い。たとえ文字通りに「たまに顔を出すだけ」といった具合に，参加の頻度や程度が少なくなったとしても，多くの住民は町内会活動に参加していると考えられる。これは基本的に町内会が住民すべてに開かれた組織であり，また住民の生活状況に合わせた参加形態を許容しているからであろう。

　しかし，ここでは構造的に町内会活動に参加できない事例について考えてみたい。というのも町内会が公共の場になるためには，実質的な意味で町内会が開かれた組織にならなければならないからである。まず，「高齢者」や「障がい者」など，福祉の対象とされる住民が，町内会活動に参加しにくいという問題がある。例えば，独居の高齢者で収入が少ない場合，町内会費も払えず，町内会活動に参加できないことがある。福祉政策の転換とともに，高齢者や障がい者が施設に入所せず，地域社会で暮らすことが多くなっている。福祉の対象者は個人で生活していることもあれば，グループホームで生活していることもあるが，町内会活動に参加することはまれだろう。町内会が公共の場になるためには，これらの地域住民に対して会費を免除してでも，親睦活動に参加できるように配慮したり，見守り体制を整えたりすることが必要である。例えば，町内会の運動会は子どもから高齢者まで楽しめるように配慮されているが，車椅子でパン食い競争に参加してもみんなが楽しめるようにするなど，場所の設定，移動手段，発言手段に配慮が望まれる。

　また，町内会は必ずしも開かれた組織ではなく，地縁で結ばれた仲間内の組織であることが多い。地域の仲間としてみなされていない住民が，実質的に町内会に参加することは困難である。最近の地域社会は，住民の入れ替わりが激しく，恒常的な人間関係をもちにくい側面がある。地域の土着層に加えて，新参者（マンションや建売り住宅の入居者），流動層（転勤族や学生），外国人定住層（在日韓国・朝鮮人など），外国人流動層（日系デカセギ労働者など）が地域の住民になっている。問題は，これら多様な住民が，たとえ町内会費を払っていたとしても，実質的に町内会活動に参加していないということである。しかし，彼ら／彼女らも生活している以上，さまざまな生活課題を抱えており，とくに家族で暮らす場合は子どもを含めて地域で豊かな生活を送ることが求め

られる。地域の土着層が町内会の中心的な役割を担ってきたことは確かである
が，住民の居住形態に応じた参加のあり方が考慮されなければ，地域によって
は町内会の存続そのものが危ぶまれるだろう。従来のように，すべての住民が
同じように町内会活動に関与することが望めないとしても，住民すべてが参加
できるものにしておくことが大切である。そこで，どのようにして町内会を開
かれた組織にしたらよいか，その基本的な姿勢を考えてみたい。

▼ とにかく顔を出す

　町内会が住民の多様性に応じて参加のあり方を配慮するといっても容易なこ
とではない。そこで，もっともむずかしい例として，外国人流動層が町内会活
動に参加する可能性について考えてみたい。現在，日本には日系外国人労働者
とその家族が生活しているが，地域の住民との折り合いが上手くいっていると
は限らない。例えば，B市の日系ブラジル人の多くは，数ヶ月から数年単位で
日本の各地を移動しながらデカセギ労働をし，特定の地域に根付くことがない
外国人流動層である。日本人土着層とブラジル人の間には，ほとんど人間関係
がなく，町内会活動を共にすることもない。その他の地域活動，例えば地蔵盆
などにも参加することはまれである。問題は，日本人が閉鎖的な町内会をつく
って外国人を締め出しているというだけではなく，ブラジル人の多くも町内会
活動への参加を望んでいないという点である。日本人同士の関係でも同じであ
るが，お互いに顔を知っていないと不安や偏見が解消することはない。日本人
もブラジル人も，顔をみて挨拶する以前に互いに偏見をもち，敬遠しているの
が現状である。

　しかし，B市では人口の大半が外国人流動層で占められている町内も出てき
た。そのような地域では，ゴミ出し問題に始まって，さまざまな偏見や不安が
広がっている。町内会でも危機感をもち，ブラジル人との交流を試みている。
運動会，草むしり，人権学習会などに，ブラジル人をよんでくるのである。ほ
とんどの住民は互いに顔を知らないわけであるが，少ないチャンネルをすべて
使って（例えば，子どもの学校を通して，地元の商店にやってくるお客さん，

派遣会社の窓口を通してなど）外国人との交流が試みられている。こうして，B市ではアパートに引っ越してきたブラジル人が自治会の会長を引き受けた例も出てきた。彼はたどたどしい日本語で，町内会活動の秘訣は「とにかく顔を出すこと」であると答えた。彼ら家族は日本に定住することに決めており，地域社会との交流を積極的に行っている。1990年代から増加した日系外国人はリーマンショック時（2008年）に母国に帰国した者も多いが，日本に留まった者の場合，日本で生まれた二世が成人に達し，家族を形成する時期になった。多様化する外国人と日本人との交流を促進する試みが地域社会に求められている。

　顔を知って挨拶を交わすことから近所の人間関係が生まれ，顔見知りの縁でさまざまな地域活動に参加するようになる。町内会を実質的に開かれた組織にし，住民それぞれの居住形態や生活状況に合わせた町内会活動への参加形態があってもよい。そのためには，残念ながら，現在の町内会には限界がある。町内会は腰が重く，メンバーシップや役割分担については前例を踏襲することが多い。町内会が新しい動きに対応するためには，行動力があり目的意識をもった自発的組織と連携する必要がある。

　地縁型組織と自発的組織がうまく連携をとることができれば，住民の多様性に応じた地域活動への参加が可能になるだろう。例えば，福祉の対象とされる人びとや外国人流動層が町内会活動に参加するためには，支援団体である市民運動やボランティアとの連携が必要不可欠だろう。B市の例でも，地域に根ざした活動を展開しているNPO団体が土着層と外国人流動層に相互活動の場を提供しており，さらに，そのNPO団体のメンバーが町内会の人権学習会を企画してもいる。昔の日本のように新しい地域に引っ越してきたときに「引越しそば」を配って回るような時代ではない。とくに外国人流動層は地域の住民と「顔見知り」になることが困難である。住民のなかには町内会活動以外にさまざまな自発的組織で活動をしている者がいる。そのような住民が媒介となって町内会を実質的に開かれた組織にしていく必要があるだろう。これは町内会の制度を変えるという問題以前に，住民たちの互いに対する姿勢の問題である。

3.　自発的組織と地縁型組織との連携 ───────

▼　ボランティアや市民運動の働き

　どんな地域にも，国や市町村，もしくは企業のサービスでは対応しきれない生活課題がある。例えば，介護の問題にしても，人口の少ない地域で24時間の巡回サービスを実施することは採算的にむずかしい。そのような地域では，近所の住民が短時間で少しずつ困っている人を助ける事例がみられる。また，要介護高齢者，障がい者（児），乳幼児の預かり施設を一体化させた小規模多機能施設で介護や育児を行なうなど，住民が自発的に組織をつくって活動する事例もみられる。これらの自発的組織は，看護師や保健師などの専門知識を有する者が中心となって始められることが多いが，住民から参加者・支援者が集まることによって地域に根付いた活動ができる。自発的組織の長所は，新たな状況に対応した活動を専門的かつ積極的に展開できることである。ただし，ある地域で成功した事例が他の地域でも成功するとは限らず，全国のモデルを参考にしつつ各地の実情に合わせた活動が求められている。

　実際，どの地域にもボランティアグループや市民運動団体があって，暮らしの支援，人権支援，子育て・教育，防犯・防災，環境保全，文化・芸術・スポーツなど，さまざまな地域活動が展開されている。自発的組織の特徴は，年齢，性別，国籍，障がいの有無にかかわらず，個人として尊重され，自由に参加できる開放性である。また，自発的組織には特定の目的や理念があり，その目的や理念に共感する個人が対等な立場で結びつくことができる。自由意思による参加と共感に基づく対等な立場が，メンバーの積極的活動に結びつき，メンバーと共に活動すること自体が喜びになっていることが多い。

　ただし多くの市町村では，ボランティアとよばれはするが，行政によって組織される奉仕活動グループもある。日本では「ボランティア」が社会奉仕の意味に理解され，必ずしも個人の自由意思による参加を前提としないようである。これに対して市民運動は，行政に対する姿勢が厳しく，ときには行政に強

く働きかけたり，行政を批判したりすることがある。しかし，ボランティアも市民運動も，地域の実情に応じた活動を展開し，地域社会を豊かにしてきたことが評価される。また，自発的組織のなかには NPO 法人として発展し，行政から支援を得るものも増加してきた。

▼ 町内会と自発的組織の違い

　自発的組織は特定の目的や理念をもち，積極的に地域活動を展開している。これに対して，町内会は特定の目的や理念をもつことはないが，それゆえ地域のすべての住民と行政との橋渡し的な役割を果たすことができる。自発的組織と町内会が連携し，自発的組織の利点（積極的に問題に対処する能力）と町内会の利点（人的資源や行政との関係）を上手く結びつけることができれば，地域活動の効果がさらに高まることが期待できる。しかし，町内会と自発的組織との連携はそれほど容易ではない。とくに地域活動に積極的な市民運動団体は町内会に対して警戒心や不信感を抱くことがある。その理由は２つ考えられる。

　第１に，町内会は昭和初期に行政の末端機構に組み込まれ，戦時体制を支えたという不幸な歴史をもつ。そのため，町内会を基盤にして地域活動を組織し，行政との協働を図ることには反動的イメージがつきまとう。現在は戦時体制化と違うことは確かであるが，国家が市町村や市民の「主体性」を引き出そうとするときは，その言葉の意味からしても矛盾があるように思える。

　第２に，地域活動が行政の影響下に置かれると，地域の特色を生かした活動や，住民の必要に見合った活動が困難になるのではないかという危惧がある。高度経済成長期以降，町内会には行政の下請けであるというイメージがある。そのため，市民運動団体は町内会を消極的で頼りにならないものとみなし，町内会から距離をとって活動することが多いのである。

　しかし，自発的組織のなかには町内会との連携を望むものも多くある。とくに「地域の安全」「子どもの健全育成」「環境保全」「まちづくり」などを目的とする自発的組織は，町内会との連携を求めている。地域が一体となって取り

組むべき分野においては，自発的組織と町内会との連携が必要とされるのである。

▼ 連携の可能性と条件

　町内会，青年団，公民館，PTA の地区子供会など，各種地縁型組織の間では，町内会を中心に日程調整，参加者確保，役割分担，施設・設備の共有などの連携が容易になされる。というのも，どの地縁型組織もメンバーが同じ町内の住民であること，また地縁型組織が町内の住民に認知された活動を行っているからである。これと同様に，自発的組織の活動範囲が町内に限定される場合は，自発的組織と地縁型組織との連携は容易であろう。例えば，子どもの健全育成を支援するボランティアグループが，町内の住民からメンバーを募り，イベントの対象者も町内の家族にするなら，PTA の地区子ども会と同じく地縁型組織として住民から認知されると考えられる。この場合は，公民館を会場にしたり町内会の設備を利用したりすることができる。また，その取り組みも町内行事の一種とみなされ，支援者や参加者が多くなる。とくに育児支援，子どもの教育，介護など，住民の生活課題にかかわる領域で，町内を活動範囲とした自発的組織が生まれれば，地縁型組織と一体化した活動が継続的になされることが期待できる。

　しかし，地域に密着した自発的組織であっても，その活動範囲は地縁型組織より広いことの方が多い。そのメンバーも町内の住民に限らないため，町内で日常的な人間関係をもつことがない。例えば，ある地区の日本語教室のボランティアが，他の市町村からやってくることがある。この場合は自発的組織を地縁型組織と連携させるのはそれほど容易ではない。そこで，以下，両者の連携を可能にするための条件を考えてみよう。第 1 に情報の共有，第 2 にコーディネーターの役割がある。

　まず，情報の共有についてであるが，住民は地域のボランティアや市民運動がどのような活動をしているのか，どのような組織で誰が参加しているのかについて情報を持っているとは限らない。住民に自発的組織の情報を広く知って

もらうことが，まずは大切である。阪神・淡路大震災（1995 年 1 月 17 日）後に，地縁型組織も自発的組織も復興のために大きな役割を果たしたが，これを契機にして神戸市須磨区の月見山連合自治会では「自治会・市民団体・行政」の役割関係図を作成した。この方向をもっと進めて，町内会が中心になって住民が参加・関与できる自発的組織の情報を収集，開示することが望まれる。というのも，多くの市町村では自発的組織の紹介を広報誌等に掲載しているが，それだけでは住民が参加・関与することにならないからである。町内会はあまり積極的，活動的でない住民にも参加・関与のきっかけを与えることができる。例えば，町内会の回覧板を利用して自発的組織の活動内容や身近なイベントの情報を掲載し，町内会の班長が参加・関与を促すといったことが有効だろう。住民が日常の生活レベルでアクセスできる情報が必要である。住民が多様化し，生活パターンも多様化している現在，ICT 等の活用も含めて情報の共有を進めることが課題となっている。

　次に，コーディネーターの役割であるが，住民の立場から自発的組織と地縁型組織の連携を進めてくれる人物が必要である。残念ながら，自発的組織と地縁型組織はその基本姿勢の違いから，同じテーブルに着いて話し合うことがむずかしいといわれる。しかし，住民にとってはどちらも生活課題に応えてくれる地域の集団である。また，どこの地域にも両集団の活動に同時に参加している住民がいるものである。コーディネーターには，両活動に実働部隊として参加し，住民から信頼されている人物が望ましい。いわゆる「顔が利く」人物でなければ，イベントの調整や人員確保がむずかしいからである。しかし，伝統的な意味での名望家・有力者は地縁型組織の調整はできても自発的組織との連携ができるとは限らない。現代的な意味で信頼を得る人物が，コーディネーターの役割を果たさなければならない。例えば，若い女性が町内会に協力を求めても，軽くあしらわれてしまうという話が現在でも聞かれる。世代や性別にかかわらず，地域活動に積極的に関与している住民を信頼するという姿勢が，これまで古くからの顔役を重視してきた町内会には求められるだろう。

4. 住民と行政との「協働」のあり方

▼ 行政の財政難と協働の必要性

　現在，国の行政改革と財政再建が急務の課題とされている。福祉領域のコスト削減のため，住民のマンパワーを引き出し，市民と行政の「協働」を模索する動きが出てきている。この動きは政府が『平成 16 年版国民生活白書 —— 人のつながりが変える暮らしと地域・新しい「公共」への道』で構想をまとめ，それを受けて市町村が住民を組織しようとするものである。同白書は，「身近な生活の場としての地域に注目して国民生活をとらえることを目的」とし，2 つの問題意識から地域活動に期待をかけている。

　第 1 に，「住民による自発的な活動が，ほかでは対応がむずかしい暮らしのニーズを満たすことができる」ことに期待がかけられている。同白書では，介護や子育てなどに関して家族内で解決できない問題に対しては，社会が対応すべき「公共」の問題として，古くは地域集落の相互扶助の力を借りて解決が図られ，また都市化が進むにつれて地方公共団体などの「官」が住民サービスを提供してきたという。ところが，「官」の提供する住民サービスでは個人の多様なニーズや質の追求に対して，きめ細かく対応するには限界があると反省される。そして，これからの地域活動には，かつて地域集落が担っていた相互扶助のように，個人が解決できない「公共」の問題を新しい形で解決する可能性があるとして評価される。

　第 2 に，地域活動は「生きがい」や「喜び」の得られる場になることが期待される。住民が自分の関心のある分野で経験や能力を生かし，さまざまな関係者と協力しながら，個人では解決できない地域のさまざまな課題に自発的に取り組む活動は，新しい形の「公共」を創り出すという。同白書では，住民の活動の受け皿となる組織・団体と地方公共団体や企業との間で「協働」する動きが徐々に広がりつつあると認識され，この協働を持続・促進させるための参加者，活動資金，信頼の問題について，その課題が検討されている。

　平成になってから，政府は財政難を背景にして福祉課題を家族や地域に投げ返してきている。そのひとつが，政府の働きかけで地域に公共の場を創出し，住民のマンパワーを引き出そうという動きである。こうして，現在，政府の意向に沿った形で全国の市町村で協働が推進されているのである。行政が住民の地域活動の現状を把握し，住民と協働して課題を検討し，プランを作成・実行していくという方向である。

▼　主体性はどこにある？

　市民と行政の協働で公共の場を創出する試みを，政府の音頭で行なった場合，その主体性はいったいどこにあるのだろうか。例として，平成20年3月にC市が作成した「協働型まちづくりガイドライン」をみてみよう。同ガイドラインは，市民が主体となって策定することを原則とし，C市が市民に依頼したものである。その原案は，町内会，ボランティア，NPO，各種団体，企業，公募市民，学識経験者，行政からなる検討会と協議会を経て作成された。C市は前面に出ることを控えたが，それにもかかわらず，全国の市町村で同じ時期に同じようなガイドラインが策定されている。その原因は，政府の意向に沿って市町村が検討資料を準備したことと，市町村が置かれている財政状況にあると考えられる。C市の基本的認識は，ガイドラインのなかの「協働をおこなわないことで予測される問題」の箇所にみられる。そこには，市民側に予測される問題として，「市民が求めるもの（ニーズ）や要望に即応したサービスが受けられなくなる」ことが掲げられ，また行政側に予測される問題として，「自治体の財政が圧迫される」「市民に向けたサービスが低下する，提供できなくなる」ことが掲げられている。この問題意識は，全国の市町村に共通するものだろう。

　市町村が従来の一律的な行政サービスを改め，地域の実態に応じたサービスを施すためには，住民を動員することが必要かつ適切な場合もある。地域の住民が主体となって生活課題に取り組むことが，公共の場を創出し，豊かな地域社会を実現する方向である。市町村も協働を推進するにあたって，市民と行政

が共に主体性を発揮すべきであるとのスローガンを掲げている。C市のガイドラインによれば，これまでのまちづくりは行政が主導で，市民が参加する「市民参加型のまちづくり」であった。これに対して，「協働」は市民と行政がいっしょになって取り組む，新しい時代の方法に位置づけられている。

　しかし，全国一律に「協働」というキーワードが使用され，同じようなガイドラインが策定されていることからも，従来の「まちづくり」と本質的にどこが違うのか明確ではない。そもそも市町村に主体性があるかどうかも疑わしい。市町村行政のなかでも，とくに福祉領域では，国の定めた基準に照らして各種サービスが施されてきたのが実情である。平成元（1989）年の「ゴールドプラン（高齢者保健福祉推進10ヵ年戦略）」以降，福祉領域の権限が国から市町村に移行されたかのようにみえたが，実際は多額の予算を要するという側面もあって，ほとんどの市町村で厚生労働省の定めた細かい基準に合わせた地域福祉しか実現できていないのが現状である。このように福祉領域で典型的にみられる，国の基準に沿って市町村の施策が決められるという方向が，介護や子育てを視野に入れた「協働型まちづくり」にも見え隠れする。町内会を基盤にして公共の場を創出しようとするときに注意しなければならないのは，行政との協働を住民が主体となって進めることができるかどうかである。

　従来から地域社会を活性化させようとする動きは何度もあった。これまで国や市町村が，町内会をはじめとする地縁型組織にあまり期待せず，自発的な市民の組織が育つことに期待してきた。というのも自発的組織のなかには行政と積極的に協力する団体が多かったからである。ボランティアのなかには行政や社会福祉協議会のボランティア・センターに登録し，市から委託された事業を請け負ってきたものが多数ある。行政や社会福祉協議会がボランティアを養成することもある。これは行政主導による市民参加型まちづくりのひとつの姿である。その姿と今回の「協働」はどこが違うのか。例えば，C市のガイドラインには，まず住民のさまざまな活動（地縁型組織，市民運動，民間法人）を取り込もうという発想があり，町内会にも積極的評価がなされている。そして，市民と行政がともに主体であるといメッセージを全面に出している。ただし，

残念なことに，このメッセージを受け止めて活動する主体的な市民があまり育っていないのが現状だろう。

▼ コーディネーターの必要性

　地縁型組織と自発的組織との連携にコーディネーターが必要とされるように，住民と行政との協働にもコーディネーターが必要である。C市の「協働型まちづくりガイドライン」の作成に携わった住民もコーディネーターとして期待されている。積極的なボランティア，町内会の中心人物，有識者，市役所からの代表など，さまざまな立場からコーディネーターが出るのがよい。それらのコーディネーターで定期的に連絡をとって協働のプランを実行に移すことが期待されている。

　コーディネーターはそれぞれの専門の立場から住民に接していることが役立つだろう。自分の専門（ボランティア，NPO，企業，学校，市役所など）の場所に持ち帰って，課題を実践するという姿勢が求められる。公私混同をするなという考え方もある。しかし，公私混同で禁止されるのは，自分の私的利益のために公的なものを悪用するということである。そうではなく，公共的なものを実現するために私的立場を活用する姿勢が，今後，評価されるべきだろう。行政職員，経営者，教員なども，同時に地域の「住民」のひとりである。住民の利益になるよう自分の仕事上の立場や社会的立場を利用するという発想がなければ，根本的な意味で住民と行政の協働は可能ではない。コーディネーターは住民と行政をつなぐ役割を果たすだけでなく，コーディネーターがもつ立場を利用して，同僚，生徒，支援者に働きかけるという姿勢が大事である。現状では，地域活動に積極的な住民からコーディネーターを募って，より多くの住民が主体的に地域活動に参加・関与できる土壌づくりをする段階だろう。

▼「ニーズとサービス」の発想

　現在，仕事と余暇しかなくなってしまった住民が，個人的ニーズを充たすために行政サービスを受けるという図式ができている。また，住民の相互活動で

対処すべき問題までも，行政を頼りにする住民が出てきた。これに対して行政は，財政難を理由として，また住民のニーズにあったきめ細かいサービスを実施するためにも，地域の各種組織と協働することを求めている。行政のいうマンパワーは住民の無償のサービスを意味している。しかし，地域活動は行政の代行サービスではない。住民はサービス供給者とサービス受容者に分かれていない。住民は他の住民の個人的ニーズに対処するために地域で活動をしてはいない。地域活動は公共の場で行なうものであって，住民すべてが関与し，住民すべてを利する活動である。地域活動は「お互い様」であることを基本としている。

　住民と行政が協働するときに注意しなければならないのは，住民が行政の発想に取り込まれないようにすることである。行政サービスのように「障がい者」「母子家庭」「児童」「高齢者」などといったレッテルを住民に貼ってしまうと，サービスを受ける人と，サービスを提供する人とに住民が分かれてしまう。そうではなく，公共の場では「万人が関与し，万人を利する」活動が必要である。地域活動は，親睦などの相互活動に代表されるように，住民が対等な立場で参加・関与すべきものである。また，地域の環境整備・維持に「障がい者」は人夫として参加することができないかもしれないが，環境整備のプラン作成などには「健常者」よりも積極的に関与することができるだろう。

　住民がそれぞれの立場や状況に応じて町内の地域活動に参加・関与することが大切である。例えば，地域の運動会で車椅子を引くことがあったり，手話通訳があったり，乳幼児の面倒をみたりという支援があるとしても，それは活動の目的ではない。運動会をともに楽しむことが目的である。個々の住民がもつ「障がい」を取り除くという姿勢は，「障がい者」や「社会的弱者」をサービスする活動ではない。住民が同じ立場で活動するために「障がい」を取り除く支援が必要になるのである。「ニーズ」をもった住民に「サービス」を提供する住民がいるのではなく，ともに地域活動に参加し，互いを利するという発想である。

　残念なことに，近年，住民側も「ニーズとサービス」の発想に染まってしま

い，住民がともに地域活動に参加しているという認識が乏しくなってきた。例えば，公民館活動や児童を育む活動などで見られる光景は，お世話する人とお世話される人とが二分されている姿である。児童を育む会のメンバーがイベントを開催すると，多くの親子がやってくるが，そこが公共の場であるという認識に乏しく，後かたづけをして帰る親子がほとんどいない。イベントを企画したメンバーだけで最後の後かたづけをしている。このような住民の感覚では「公共の場」で活動を行っている意味がない。住民がサービスの受け手として振る舞うようになってしまえば，レジャーランドのお客さんと同じである。親子で地域活動に参加する意義が半減してしまう。親子が一緒になって「公共の場」を造り，それを育んでいくという姿勢が望まれる。

　住民と行政の協働は「ニーズとサービス」に還元できない地域活動であるべきだろう。地域を豊かにするためには，住民間の相互活動そのものに意義があるという基本に立ち返って，行政サービスでは実現できないことを，地域活動で実現していくことが求められる。

▼ 管理責任の所在

　協働の理念では住民と行政がともに主体であることが尊重される。行政の主体性は管理責任を果たすことで発揮される。ところが，この行政の管理責任が協働を阻む原因になっている。協働のプロジェクトで行政から予算が下りるとしても，その管理責任は住民にもたせる方がよい。プロジェクトの運営を住民に任せるのなら，そのための施設や設備の管理責任を住民に与えないと，実際に地域活動が行われないからである。例えば，D市のある町内では，新興住宅の増加とともに児童数が増加し，旧集会所を児童館として建て替えることになった。市の予算でそれまでの集会所が立派な児童館に新築されたのであるが，同時に市の管理下になったため，学童保育以外の目的で使用することができなくなった。この児童館は規程上は他の地域活動の使用を制限してはいない。ところが，地域消防団の会合や，その他の町内の会合に実際には使えないのである。その理由は，開館日時が決められていること，学童保育を主目的とするた

め飲酒と喫煙が禁止されていることなど，要するに市の建物である以上，種々の管理規程があるからである。

　また，ボランティアや市民運動などの自発的組織は，地縁型組織以上に活動場所の確保に困っていることが多い。例えば，D市の子育て支援グループが児童館を利用しようとしても，その許可が下りにくくなったという弊害が出てきた。そのグループは隔週に1度，児童館で市内の親子を集めたイベントを開催していたが，いろいろな行政側の理由で，会場を他の場所に移すことになった。その理由とは，安全上の責任は誰がもつか（児童館への往き返りを含めた事故対応），公平の原則から特定の団体にばかり会場として利用させることはできない等々である。結局，この児童館は立派な施設であるにもかかわらず，学童保育の時間以外は閑散としているのが実情である。

　行政にとっては当然である管理規程が，建物を地域活動のために有効利用する際の障害になっている。住民と行政の協働を実現するためには，地域活動を保証する施設や設備の管理責任を住民にもたせる必要があるだろう。住民の裁量で利用できる動産・不動産を所有していることが地縁型組織の活動を持続させてきた要因のひとつである。たとえ立派な施設や設備ができても，その管理責任が行政側にあると，実質的に地縁型組織の活動には使用できなくなる。行政の管理は公務員の勤務時間内が基本になる。そのため，公務員の働いていない時間は手続きができず，使用することもできないのが通常である。ところが，地域活動は仕事の時間以外に行なうものである。例えば，時間外でも利用できるシステムをつくってもらう，利用許可書は事後提出が可能にするなど，行政に管理上の改善を求めることも考えられる。しかし，これでは実際上，住民の組織にとって使いにくいままである。地域活動のための場所や設備は，行政の管理下に置くのではなく，地域住民の管理下に置くのがよい。そして，各種の地縁型組織や自発的組織が連携して利用できるようにしておくことが望まれる。この場合は，町内会が地域住民の代表として，行政から管理責任を委託されることがあってもよいだろう。

5.　これからの方向を考える
―「住民の・住民による・住民のための」発想へ ―

　地域社会に公共の場を創出するためには町内会を基盤にするのが現実的である。公共の場にはすべての住民が関与することが原則であるとするなら，町内会は日本の地域社会の貴重な伝統として見直されてもよい。さまざまな懸念や批判があるとしても，町内会は地域住民の総意を代表し，また行政とのつながりをもってきたのである。差し当たって住民と行政が協働することによって，日本版の「公共」を作っていくしかないだろう。問題は住民サイドと行政サイドが，公共の場を作るために，それぞれの発想を変えることができるかどうかである。住民に求められるのは，「仕事と余暇」だけでなく，主体的に地域活動に関与する姿勢である。行政に求められるのは，「ニーズとサービス」の発想に縛られるのではなく，住民の「相互活動」を促進すること，また，そのために施設や設備の管理責任を住民に委託するという方針である。

　まず，住民が主体的に地域活動に参加するためには，住民の生活の仕方を変えなければならない。高度経済成長期以降，住民の生活は「仕事と余暇」の２つに分かれてしまい，仕事でお金儲けをして，余暇にお金を使って楽しむというライフスタイルが基本になっている。仕事と余暇の２つに加えて地域活動も生活の基本的活動に取り入れるという姿勢がこれからは必要であろう。仕事と余暇だけで充分であるという考えが広まったのは，行政サービスが発達しすぎて，住民が行政に頼りすぎてしまった結果である。行政は住民を分類，再分類し（母子家庭，要介護度，聾唖者，etc.），その枠に応じてサービスを提供している。これが住民一人ひとりを尊重した対策であるかどうかは疑問である。ところが，住民は困ったときに自分自身を行政の枠組みにあてはめて，より多くのサービスを引き出そうと努力する。これでは豊かな地域生活は生まれないであろう。

　住民が行政サービスの受け手であってはいけない。住民自身が自分たちの生活を自分たちの活動で築いていくという方向が望まれる。この方向は近年，行

政も住民に期待しているものである。しかし，その主な理由は，行政が財政難であるからである。行政にはサービスをカットしていかざるをえないという事情がある。だが，住民は行政が期待するような無償のマンパワーを提供してくれるだろうか。そもそも行政サービスの代行を住民の地域活動に求めることに限界がある。そこで，本章の最後に，「住民の・住民による・住民のための」地域活動の方向性を示しておこう。

　日本では同じ地域に居住しているという地縁が，住民の地域活動を支えてきた。そして町内会は，戦時体制下を除けば，地域の住民が自発的に組織したものであると考えられる。たしかに高度経済成長期以降，地縁に基づく活動は衰退し，行政は自発的な「市民」が育つことに期待するようになった。しかし現在は，地縁型組織で活動する住民にも期待がかけられるようになっている。まず，地域の生活課題には，住民から自発的に生まれてきた組織で対処することが望まれる。このように住民自身が自発的につくるということが，「住民の」組織であるということの意味である。

　地域活動に積極的な住民とともに市町村がアクション・プランを作成し，それを実行するのが協働の形になっている。地縁型組織（町内会，婦人会，壮年団など）と自発的組織（ボランティア，市民運動，NPO など）が連携し，住民が行政と協働することによってマンパワーが引き出されるのである。ただし，多くの地域では限られた住民がいくつもの地域活動を掛け持ちしているのが現状である。最大の課題は，すべての住民に地域活動の輪を広げていくことだろう。地域の生活課題を行政サービスに委ねるのではなく，「住民による」組織で解決していくという姿勢が望まれる。

　住民が解決すべき生活課題は，環境整備・維持と相互活動の促進・充実である。これらの課題は住民すべてが参加・関与すべき問題である。高齢の人，障がいのある人，学齢期の人も，それぞれの状況から，地域の環境をつくり，整備していく位置にいる。その際，さまざまな状況におかれた住民が対等の立場で活動に参加・関与し，豊かな地域社会をつくることが求められる。また，活動そのものから喜びを得ることが大切である。行政の論理で住民を細分化し，

105

サービス受容者とサービス供給者に分けてはいけない。「万人が関与し，万人を利する」ことが，公共の場に求められる原則である。このように住民が同じ立場で関与し，住民すべてがその恩恵を受けることを可能にするのが，「住民のための」組織である。

　今後，住民は社会活動の一環として地域にかかわりながら，生活課題を解決していかざるをえないだろう。住民が自分の個性（専門，関心，経験，性別，国籍，障がい）を発揮させ，お互いに面と向かって「いい顔」をした活動ができるかどうかが，「住民の・住民による・住民のための」組織にとって必要である。現在，町内会の加入率は都市部を中心に減少し，町内会自体が解散する地域も出てきている。しかし，地域社会の2つの課題（地域環境の整備・維持と相互活動の促進・充実）は住民が主体的に関与することが期待されるため，正式な町内会が解散した後でも，町内会的な集まりや自発的組織で活動が維持されている。活動自体は活発ではないかもしれないが，町内会はすべての住民が生活主体として関与することが期待される地域の中心的組織である。町内会を核として，各種地縁型組織と自発的組織が連携し，行政と協働しながら日本型の「公共の場」を創出することが今後期待される。

〈コラム　住民と行政のコーディネーター〉

　コーディネーターとは，物事の調整役，まとめ役のことである。衣装をコーディネートすることもあれば，イベントをコーディネートすることもある。地域活動では，コーディネーターは人間関係を調整し，住民をまとめる役割をもつ。また，コーディネーターは行政との関係を上手く築くことも大切である。従来は，地域の有力者が「顔役」になって，町内をまとめたり，行政との関係を維持したりすることが多かった。このような顔役は地域の中心人物として長期間にわたって調整役を引き受けてきた。ただし，今後，求められるコーディネーターは，コーディネーター自身を含めて住民がすべて対等，平等であることが期待される。コーディネーターは，特定の地縁型組織や自発的組織で実働部隊として活躍してきた経験をもつことが重視される。これまでの地域活動では，同一人物がいくつもの役割を担っていることがよくある。そういう人物は実働部隊として過剰な役割に奔走するよりも，コーディネーターとして住民たちに広く平等に地域活動に

参加・関与させる役割を担ってもらうことが期待される。

　近年，行政が住民のなかから地域活動に積極的な者を選び，地域のコーディネーターとして養成する動きが全国的にみられる。町内会，公民館，育児ボランティア，市民運動などさまざまな分野からコーディネーターを選び，それに行政のコーディネーターを加えて，定期的に協議会を開催するというスタイルである。コーディネーターは，地域の多種多様な活動を把握していること，住民に信頼されていることが必要であり，それらの多様な情報を整理して，住民のマッチングを図ることが仕事になる。住民たちが広く平等に地域活動に参加・関与できるように調整を行なうコーディネーターが，町内会を核として公共の場をつくるためには必要とされる。

参考文献

岩崎信彦・広原盛明・鰺坂学・上田惟一・高木正朗『町内会の研究増補版』御茶の水書房，2013年

紙屋高雪『町内会は義務ですか？　〜コミュニティと自由の実践〜』小学館新書，2014年

田村明『まちづくりの実践』岩波書店，1999年

中田実・小木曽洋司・山崎丈夫『地域再生と町内会・自治会増補版』自治体研究社，2009年

第 4 章　公共性と企業

高橋　伸一

はじめに

　いうまでもなく企業や団体という組織は，高いレベルで社会的な責任が問われる。産業が高度化し経済活動がグローバル化というあらたな段階を迎える現代では，企業が提供する商品や多様なサービスが消費者や顧客に密接な影響をリアルタイムでもたらすだけに，クレームやトラブルに対しては特別な注意が必要であろう。

　企業や団体に求められる社会的責任は，あらやる産業や行政，自治体，学校などの公的機関においても問われる課題である。特に，新聞，テレビなどのメディアで大きく取り上げられることが多い食品の安全をめぐる事件が続発しているのは，われわれの生活の土台であるだけにいくら重視しても過ぎるということはない問題である。記憶に残るものでは，伊勢名物「赤福」の偽装，北海道苫小牧市の食肉製造加工会社「ミートホープ」の牛ミンチ偽装，秋田県大館市の食肉加工・製造会社「比内鶏」が地鶏偽装，高級料亭「吉兆」のグループ会社「船場吉兆」による偽装表示，ウナギ・アサリ・ウニ・フグなどの「国産」偽装，農林省との関係も指摘された米穀加工販売会社「三笠フーズ」の工業用の「事故米」を食用と偽り転売，などをあげることができる。

　このような事件は，新聞，テレビ，ラジオ，インターネットなどのマスメディアでは「不祥事」として報道されることが多い。一般の犯罪・事故・不正行為とは異なり，大きな社会的責務を負わなければならない対象に対して使われ

る。企業や団体の社会性と影響力の大きさを意味することと理解してほしい。

　不祥事の発覚後は，顧客や消費者への信頼回復がなされねばならないが，不祥事への反省がみられない行動が多く，さらには別の不祥事が発覚したりと不祥事が新たな不祥事を生む例もあとを絶たない。企業のこうした不祥事は，消費者の直接被害，生活不安を招き社会問題化する。一方で，不祥事を起こした企業の存続という重大な事態を生じる場合もある。不祥事を起こした企業が廃業をよぎなくされたり，破産したりすればその企業と取引があった会社も直接に被害を受けて大きな負債を背負い込み，経営悪化に陥りかねない。廃業にともなって解雇された従業員は，何の準備もないまま生活の糧を失うことになる。また，従業員の家族までも考えると，企業の経営責任がいかに大きいか理解される。

　ここで注意しておきたいことは，先に少し触れたように「不祥事」は会社や企業といった「利益追求」が組織の目的だから発生するとはかならずしもいえないことである。事実，学校，病院，行政・自治体，など公共的な役割を担う団体・組織にも起きている。また，2008年に起きた中国天洋食品の毒入りギョウザ事件でもわかるように，日本企業が生産を委託し，合弁という形で工場を設け，その外国から輸入という事例においても問題は発生する。海外の場合，問題の原因が国内よりいっそう複雑になりそれだけ原因の解明が困難な事例も多くなっている。本章の課題は，企業の公共性にかかわることがらを，具体的な事実で示すことである。

1. 規制緩和のもたらしたもの

　企業や団体の不祥事発生の原因は，経営における「利益主義・金儲け主義」が顧客や消費者を軽視する，あるいは同族経営でいわゆるワンマン経営者が従業員の批判や忠告を無視したり，抑圧が行なわれたりなど，内部の経営体質に問題がある場合も少なくない。他方で，外部環境というか，閉鎖的で秘密主義がはびこるような社会環境の変化も見逃せない。ここでは，経済政策としての

「規制緩和」の背景とその影響をみてみる。

▼ 市場中心主義と規制緩和

　本来，われわれの社会・経済生活においてさまざまなルールや規制は必要不可欠なものとして受けとめられてきた。生活の安全と安心は，単純に個人の善意に期待するのではなく，明文化された法律と具体的な規制によって維持されてきたのである。食品の添加物や検査方法などを規定した食品衛生法の意義を考えれば，そのことは十分に納得できる。しかし，社会の変化とともに，法律は改廃され規制の変更・撤廃されるのもやむをえない。規制緩和が強調されるのは，真にゆたかさを実感できる社会の実現には，規制依存型の社会から自由責任型社会への転換が望ましいという風潮による。商品の流通や情報システムなどの新しい分野では，規制緩和が大きな経済効果をもたらすとされた。

　規制緩和が先進国の経済政策に登場してくるのは，1970 年代のアメリカである。第一次石油危機による経済成長の鈍化，失業率の増加，物価の高騰等により，先進諸国は深刻な不況に直面した。アメリカでは，金融，運輸，エネルギー分野で規制緩和が推進され，1980 年代に入ってその動きは加速される。イギリスでも 1979 年のサッチャー政権の登場から，国有企業の民営化が進められた。世界の規制緩和は，経済政策の一環として位置づけられ，新自由主義の改革として登場してくる。自由競争を促進し，「小さな政府」を実現することで新しいシステムを作ろうとする経済の流れである。政治的には新保守主義といい，政党の支持基盤を上流中産階級と富裕層に求め，労働組合などの社会組織の及ぼす力を企業内にとどめることを目指した。

　日本で規制緩和の必要性が主張され，経済政策の中心的な位置を占めるようになったのは，1990 年代に入ってからである。1980 年代までは官僚主導で経済秩序が維持されてきたため，細かな許認可権限に基づく公的規制の網が設けられていた。これらの規制が企業活動の自由を制約し，消費者の利益にも反するとして，規制緩和が盛んに提言されるようになる。当初は，行政のスリム化，効率化を民間活力の導入により推し進めるという「民活路線」が中心であ

った。都市計画，建築規制，農地・林野の開発規制の緩和をはじめとする規制緩和が進められ，三公社（国鉄・電信電話・専売）が公共企業体から民間企業に移行するという民営化が主たる内容であった。

　1990年代に入りバブル経済が破綻し，長期の不況に陥る過程で，規制緩和が景気対策の中心となり，あたかも経済再生の切札であるかのごとくもてはやされるようになった。森内閣から小泉内閣が登場し，「構造改革なくして景気回復なし」をスローガンに掲げたのは，こうした流れを明確にしたものである。小泉内閣は郵政事業の公社化・民営化，道路公団，住宅金融公庫など特殊法人廃止の方針を構造改革の内容として打ち出した。他方では，問題が指摘されながらも，派遣労働の対象業務の全職種への拡大や保育所経営の「株式会社」などの大幅な規制緩和が実施されていった。

　規制緩和は，以上のように，行政改革，民営化，競争政策，国際協調など各面からの規制緩和の要請に応える内容を有し，その意味では複雑で一般にはわかりづらい面もあった。また，日常生活での具体的なメリットは実感できなかったと思われる。

▼ 民営化

　日本における市場中心主義，新自由主義の改革は80年代の民営化に始まる。膨大な借金と赤字体質の国営鉄道（国鉄）をこのまま放置していけば，国家財政に重大な影響を与えると一方的に宣伝され，経営の合理化を進め，効率の増大を達成するには政府の介入を排除するのが最善の策とされた。結果として，1986年に日本の公共輸送を担ってきた国鉄は，JR6社，貨物1社に分割民営化された。また電電公社は，資本金7,800億円，従業員32万人，総資産10兆5,000億円を保有するNTTとして，専売公社は資本金1,000億円，従業員3万6,000人，総資産2兆2,000億円の日本たばこ産業株式会社としてそれぞれ発足している。それから20年余の時間が流れ，民営化の影響を分析する必要がある。経済的な効率はどのようになったのか，膨大な債務はどのように処理されたのか。特に，国鉄の場合，北海道や九州の非採算路線といわれたローカル

線が廃止され，公共性の犠牲を生み，労働組合の弱体化がもたらされていった。こうした効率主義，利益中心主義が大量輸送の基本である安全を軽視し，1991 年の信楽高原鉄道列車衝突事故（死者 42 名，614 名が重軽傷という大惨事），2005 年の JR 福知山線脱線転覆事故（死者 107 名，負傷者 562 名）につながったという指摘もある。

　最近では，郵政民営化問題がある。郵政事業を郵便・簡易保険・郵便貯金の三事業に民営化する議論は，1990 年代の半ばに検討が本格化し，2003 年 4 月に郵政事業庁が特殊法人である日本郵政公社となり，2007 年 10 月に日本郵政グループとして株式会社化が実現した（総資産 338 兆円，従業員 24 万人）。

　郵政民営化関連の法律では，日本郵政公社を次の 6 つの組織に分けている。

・日本郵政株式会社（JP 日本郵政）
・郵便事業株式会社（JP 日本郵便）
・郵便局株式会社（JP 郵便局）
・郵便貯金銀行（JP ゆうちょ銀行）
・郵便保険会社（JP かんぽ生命）
・独立行政法人郵便貯金・簡易生命保険管理機構

　JR にみられた赤字路線の廃止のように，郵政でも過疎地などの不採算地域での特定郵便局の廃止や統合が強行され，サービスの打ち切りと後退の可能性が危惧されている。他方で，利益中心主義の理念が職場に導入されることで労働強化がもたらされる恐れもある。郵便事業のライバルである運送，宅配会社の過酷さは周知のことである。生命保険会社も同じである。2005 年，生命保険大手の明治安田生命が保険金の不当な不払いをしていたことが発覚し，金融庁が 2 度にわたる業務停止処分を出した。同時に，ほかの生命保険会社 31 社，損保 26 社でも不適切な不払いがあったことも分かった。

　企業における過酷なノルマの強制は，労働の強化とさまざまな不正をもたらす。それは，公務員でも同じである。損保ジャパンの副社長であった村瀬清司氏が民間からの長官として社会保険庁に入ったころ，国民年金保険料の不正免

除が発覚している。各地の社会保険事務所が保険料の未納率を低くみせかける
ため，組織的な不正に及んだとされている。背景には，納付率向上のノルマが
あったと指摘されている。

▼ 雇用破壊

　雇用破壊というのは，基本的に 2 つの問題を含んでいる。一つは，長期雇
用・年功型賃金・新卒定期一括採用を特徴とする日本型雇用の変化，もう一つ
は働くことに対する意識の変化である。この二つは，それぞれ違った展開をみ
せてきたが根っこの部分では一つとなり，わたしたちの安定した雇用と仕事を
揺るがしている。

　日本型雇用というのは，日本独特の雇用制度を意味する。年功序列制度とい
う官公庁，企業などにおいて勤続年数，年齢などに応じて役職や賃金を上昇さ
せる人事制度・慣習，労働者を定年まで雇用し続ける終身雇用（長期雇用，無
期雇用），そして新規に学校を卒業したものを一括採用する人事制度を特徴と
する。企業別労働組合と並んで，日本の企業社会の典型的なシステムである。
年功序列制度は，加齢とともに労働者の技術や能力が蓄積され，最終的には企
業の成績に反映されるとする考え方に基づいている。結果として，経験豊富な
年長者が管理職などのポストに就く割合が高くなる。日本においてこのような
制度が成立した理由としては，組織単位の仕事が中心で成果主義・能力主義を
採用しにくかったこと，年少者は，年長者に従うべきという儒教的な意識や考
え方が強かったことが挙げられる。集団で助け合って仕事をする場合は，個々
人の成果を明確にすることがむずかしい場合も多く，組織を円滑に動かすには
構成員が納得しやすい上下関係が求められる。職能概念に基づく年功序列制度
は，こういったニーズを満たす合理的な方法だったのである。

　1960 年代の高度経済成長期は，経済が拡大を続けた。また石油ショック以
降の低成長時代である 1970 年代 1980 年代は団塊の世代が若かりし時代であ
り，数多い若年者の賃金を低く抑え，一方で年配者の賃金を高くすることに経
済合理性があったということができる。

　こうした雇用の在り方は，1990年代に大きく見直され，就業形態や賃金制度にも変化がみられた。パートタイマーや契約社員，派遣社員など正社員以外の雇用者が増加してきた。1995年に日経連（社団法人　日本経済団体連合会）が発表した「新時代の『日本的経営』」は，雇用の柔軟性を高めること，不安定雇用の増大を目指すものであった。具体的には，労働者を「長期蓄積能力活用型」「高度専門能力活用型」「雇用柔軟型」の3つのタイプに分け，それらを組み合わせた雇用管理の方法であるが，基本的には労働力の流動化を通じて必要な人材を確保する体制の整備を進めようというものであった。しかし，実際には1990年代にバブル経済が崩壊し，「失われた10年」といわれる長期不況に直面した企業は，終身雇用制度を放棄して余分な人員をカットする必要に迫られ，リストラという人員合理化・削減，出向・転籍や新規採用の抑制をなどによって正規従業員の削減を強行する言い訳として，実力主義，能力主義の人事管理で事業の再編を図ろうとしたものであり，「新時代の『日本的経営』」は，人員整理・解雇を合理化する色合いが濃いといえよう。

▼ 就労意識の変化

　社会の発展とともに，人びとの意識や考え方，価値観も大きく変化したことが知られている。産業化，都市化の進展は消費生活を大きく変え，家族や村落の共同性を必要とした時代を過去のものとして遠ざけ，個人中心の生き方と行動が支配的となる。多くの意識調査で1980年代から一貫して一定の方向に変化している意識は，「男女平等・性の解放」，「生活の余暇志向」である。男女の平等化は，女性の社会進出や就労化によっても促進され，女性の経済的自立が男女の平等化を推進する。また，人びとの生活の重点が広い意味の消費におかれる風潮が形成されたこともあって，自己実現や生きがいを余暇や消費に求める傾向が顕著になってきた。この背景には，産業・就業構造の変化があることはいうまでもない。すなわち経済の中心が建設業，製造業などの第二次産業から，金融，流通などのサービス経済にシフトすることで，働く場所や働き方が大きく変化し，女性にとって働きやすい環境が出現したともいえる。

　生きがいの対象を労働や仕事よりも余暇や消費生活に求める傾向は，生活の
個人別化，個人化とも重なり，個性が尊重され，仕事にも自分らしさを求める
ようになる。こうした時代を象徴するのが，「フリーター」という人びとの出
現であろう。

　フリーターというのは，今から 20 年以上前の 1987 年にアルバイト情報誌
『フロムエー』の編集長が生み出した言葉とされている。バブル経済の時期と
いう要因はあるが，タレントやミュージシャンになるという夢をもっているた
めに正社員として就職せず，日々の生活費はアルバイトでしのぐという若者に
対し，「プータロウ」と片付けるのではなく，人生を真剣に考える若者として
応援したいというメッセージも込められていた。また，1980 年代の後半から
社会問題視された「過労死・過労自殺」は，働き過ぎる会社中心社会への批判
もあって，企業に縛られない，自由（フリー）な生き方として，自由に仕事
（アルバイト）を移る意味もこめられていた。この言葉が使われ始めたころは，
日本経済が好調だったことに加え，24 時間営業のコンビニチェーン店の急増
や建設ラッシュに伴う人手不足によって，夜間勤務や肉体労働などの単純な労
働力が必要とされ，正社員として雇用されなくても，生活を営むことはでき
た。

　フリーターが急増し，不安定雇用として問題化するのは，バブル崩壊後の，
1990 年代に入ってからである。企業の経営が悪化し，減量経営が強調される
と正社員の採用は急減，その代わりに低賃金かつ解雇しやすいアルバイトが活
用されだした。労働力をパートやフリーターといった非正規雇用に置き換える
ことによって人件費削減を図った。そのため，当時就職活動をしていた多くの
若者は正社員になれず（就職氷河期などといわれた），やむなくアルバイトで
生計を立てざるを得なくなった。

2. 競争の激化と拝金主義

▼ 格差社会

競争の促進という市場主義がもてはやされ，構造改革や規制緩和が進展することでどのような問題が発生するかということをみてきた。次に，近年，よく耳にする「格差社会」がどのような社会であり，われわれにとって，何を意味するかを考える。

格差社会とは，社会の構成員を所得や地位などの指標で階層化した場合，階層間の隔たりが大きくて，階層間の相互の移動が困難な社会を意味する。格差という場合，すぐにイメージすることができるのは，経済的な格差であろう。収入や所得がどのように配分されているのか，性別や年齢，学歴や企業規模による違いは数値として測定することも容易である。しかし，格差がもたらされる原因や問題の深さを考えると，経済的な格差だけでなく，教育の問題や職業決定，遺産の授受，家族や公共部門の役割，税金や社会保障の問題まで関心を広げ，広い視野から考える必要がある。平等・不平等，公平・不公平の問題も扱う必要がある。規制緩和が推し進められると，例えば，タクシー参入規制が緩められると過当競争が生じ，タクシー運転手の労働条件は悪化するかもしれない，しかし，サービスの向上など利用者には，プラス効果が期待できる。規制緩和が消費者のニーズに対応した効率的なシステムが構築されるという意見にも一定の理はあるし，社会保障の充実，福祉社会が新たな差別をもたらすという議論にも目を向ける必要がある。

戦後の経済成長や安定成長経済によって，日本は比較的平等で多くの人が中流階層に属し，貧しさや所得面での格差はあまり問題とはならなかった。しかし，1990年代の終わりには，バブル経済の破たん，長期の不況などで中流階層が崩壊し富裕な階層と貧困な階層への分化が注目され，格差社会がいわれるようになった。ただし，少し長期のスパンでみれば，日本社会で収入や所得格差が流れとして形成されるのは，1970年代の初期という指摘もある。

　格差社会がメディアでも頻繁に登場するようになったのは，人員整理・配置転換というリストラが進展，正社員の従業員を削減し，パートやアルバイトなど非正規社員を大量に雇用してしまい，そのため新規学卒者の就職ができないという異常事態への関心，さらに，まじめに働いても自立した生活ができないワーキングプア，住むところがないホームレス問題，また個人の所得格差だけでなく地域格差という県民所得，産業間・企業規模間の格差が論じられ，貧困や貧乏という現象が大きな関心事となったからである。

　一方で，ジニ係数の拡大やヒルズ族などセレブブームにみられる富裕層の豪奢な生活がメディアで報じられ，勝ち組・負け組などの流行語のように，格差を奨励する動きも含まれている。経済格差を考えれば，非正規労働者の増大という雇用の不安定化，フリーターやアルバイト，パート，嘱託などの働き方を余儀なくされ，そのことが年間収入で 100 万，200 万という所得の人びとを大量に出現させ，こうした非正規が多くの職場で一般化している。正社員であれば，年功賃金や終身雇用で退職金も見込める，しかし，非正規であれば昇給はほとんど見込めないし，ボーナス等の一時金もほとんど期待できない。それどころか会社の都合で簡単に雇用関係を解消されてしまう。こうした社会への批判が格差社会の根底にある。

表 4-1　正社員とフリーターの経済的格差　試算

	正　社　員	フリーター
平均年収	387万円	106万円
生涯賃金	2億1500万円	5200万円
年間納税額	33万円	6.8万円
年間消費支出	282.9万円	103.9万円
年金受給月額	14.6万円	6.6万円

資料：旧UFJ総合研究所の試算（2004年）

　雇用問題が格差社会の中心にあり，フリーターに代表される非正規雇用の増大が厚生労働経済省の『労働経済白書』でも取り上げられるようになったのは，2003 年の『平成 15 年版　労働経済白書』からである。白書では，企業が正社員から「請負」を含む外部労働力の活用に傾き，就職氷河期に正社員とし

て就職できなかった「年長フリーター」が不安定な雇用に従事せざるを得ない実情を取り上げている。さらに，こうした非正規雇用の若年労働者に非婚率が高いこと，そのことが少子化を促進する要因になっているとも指摘している。

政府は，2005年から，年間20万人のフリーターの常用雇用化を目指すという目標を掲げ，多様な就職支援（ジョブカフェ，トライアル雇用など）に着手した。経済の上向きという条件も加わり，フリーターは減少傾向に転じる（『平成19年版　労働経済白書』p.26のグラフを参照）。

確かに2003年，04年をピークにフリーター数は減少しているが，それはフリーターが安定した正社員に雇用されたから，とはいいきれない。白書でも認めるように，フリーターを構成するパートやアルバイトが減少し，代わりに派遣社員，嘱託，契約社員という不安定雇用が増加しただけのことである。

なお，フリーターの定義については，専門家の間で一致したものはない。総務省統計局の労働力調査では，2002年以降では，フリーターは，年齢は15〜34歳と限定し，在学者を除く点を明確化するために，男性は卒業者，女性については卒業者で未婚の者のうち，① 雇用者のうち勤め先における呼称が「アルバイト」または「パート」の者，② 完全失業者のうち探している仕事の形態が「パート・アルバイト」の者，③ 非労働力人口のうち，希望する仕事の形態が「パート・アルバイト」で家事も通学も就業も内定もしていない「その他」の者と定義している。これでは，正確さが要求される統計データの信頼度に不安を覚える。

▼ 派遣労働

一時は希望もあったフリーターという働き方も，バブルの崩壊とともに大きく変容していった。業績悪化に苦しむ企業は，低賃金で使える労働力として，長期のアルバイトやフリーターを多用し，コスト削減を実現させた。働く方からいえば，正社員への道を狭められ，不安定な働き方が長期化，常態化することを意味する。

フリーターの常態化は，女性のパート労働と同じように，基幹労働を支える

役割を与えられつつある。その意味では，怠惰な若者をイメージする「ニート」論が巻き起こされ，フリーターを派遣労働に囲いこんでいったプロセスは解明されてよい課題である。

　日本の職場は，正規雇用の社員として採用した者に対してだけ労働能力を高める場が提供される仕組みになっている。必要な労働や技能の修得は，それにふさわしい年齢があることはいうまでもない。若年労働者が不安定な雇用から抜け出せなくなることは，若い人びとにとってきわめて危うい問題であるばかりでなく，将来の日本社会の成り立ちを考えると，見過ごせない事態というべきであろう。

　フリーター問題は，若年層の働き方やライフスタイルの視点からとらえるのではなく，世代間格差の問題，派遣社員・契約社員を含む非正規雇用の問題としてとらえるようになってきた。雇用形態による処遇格差を，正社員と非正社員という階層対立の視点から問題を浮上させようという動きはこの数年である。

　そうした時期に，突如ともいえる不況の嵐に世界を巻きこんだアメリカの金融危機が発生し，日本経済に深刻な影響を与えたのは記憶に新しいところである。1990年代のバブル崩壊後の不況にみられたリストラという人員整理が，今回は，「派遣切り」「雇い止め」という派遣社員やパート雇用者の整理で生産調整とコスト削減を推し進めようとする。

　派遣社員は派遣会社に雇われて，派遣先の企業で働いている。同じ一つの会社や職場で仕事をしながらも，正社員は企業との間で雇用契約を結び，給料をもらい，その会社から仕事の指示を受ける。派遣社員は，派遣会社との間で契約を結ぶものの，実際に仕事をする場所は，派遣先の企業である。派遣会社は，派遣先の企業との間で「労働者派遣契約」を結んでいる。派遣契約に基づいて派遣料金を受け取り，そのなかから派遣社員に給料を支払う。

　派遣社員の健康保険や労災保険などの加入義務は派遣会社にある。労働者に必要な有給休暇なども派遣会社の責任である。事務所などで正社員と派遣社員が机を並べていても，給料はもとより，休みの日数，社会保険料もまったく異

なる。派遣社員は，派遣先の福利厚生の恩恵を受けられない。社員食堂などで
は，正社員よりも高いランチを食べるようなケースさえもある。

　派遣社員には，二つのタイプがある。一つは，派遣会社の正社員で派遣先企
業に勤めるタイプ。これは「常用型雇用」とよばれる。もう一つは，派遣会社
に登録されて，仕事があるときだけ派遣先の企業で働くタイプ。「登録型」と
いわれる。「常用型」は派遣先で仕事がなくなっても，派遣会社の正社員とし
て給料が保障されている。問題となるのは，「登録型」の場合である。派遣会
社が次の派遣先をみつけてくれない限り，無職と同じある。それだけ不安定な
働き方といえる。

　派遣労働という雇用の在り方は1980年代になって事務にパソコンやファッ
クスなどの機械化，電算化がはじまり，オフィスの様相が一変，職の専門家と
フレキシブルな働きかたを望む人も現れ，それらを反映した「労働者派遣法」
（1985年制定）によって，可能となった雇用である。戦後の労働法は，企業に
よる直接雇用を原則としてきた。労働者の権利を擁護し，労働条件の向上をめ
ざすのは，憲法第27条の労働基本権，第28条の労働三権（団結する権利，団
体交渉をおこなう権利，団体行動をおこなう権利）の理念を遵守するものであ
る。職業選択の自由や雇用の安定を目的とする職業安定法においても，職業紹
介の無料原則と間接雇用の禁止を規定している。

　その意味では，派遣労働法はほぼ同じ時期に成立した男女雇用機会均等法
（「雇用の分野における男女の均等な機会及び待遇の確保等女子労働者の福祉の増進
に関する法律」）と並んで，時代の転換を象徴する事象であろう。派遣法の成立
時，派遣事業は例外的な雇用であり，派遣対象はコンピュータ技術者のように
専門性が強く，かつ一時的に人材が必要となる13の業務に限定されていた。
この時期の派遣会社数は約3,900社，派遣社員数が約14万人，売上高は2,000
億円足らずであった。派遣法はその後，拡大・緩和の一途をたどり，10年後
の96年には26業務に広がり，99年には「港湾運送」「建設」「警備」「医療関
連」「製造現場」以外のすべての仕事に派遣できるようになった。そして，
2004年3月からは「製造現場」への派遣も解禁された。2007年度の派遣会社

数は約 5 万社，派遣社員数は約 384 万人，売上高は 6 兆 4600 億円。わずか 20
年ほどで会社数が 12.9 倍，社員数が 26.5 倍，売上高は 32.9 倍に膨らんでい
る。派遣法の緩和によって企業側が労働力を必要なときに必要なだけ容易に確
保できるメリットがいかに大きいかが推測できる。

　さらに，業界ごとの動向をみると，販売関係や一般業務の分野では，大手銀
行や製造業，電気通信事業者などの主要企業が人材派遣会社を設立し，親会社
へ人材派遣業を行い，業務をこなすケースがみられる。製造業では業務請負と
して，一定の業務ごと派遣会社から人材を派遣してもらう場合も多い（「基礎
からわかる派遣社員」『読売新聞』2009 年 1 月 19 日朝刊）。

▼ ワーキングプア

　パートや派遣といった非正規労働者の増加が貧困層を拡大し，格差社会の原
因とみなされるようになった。特に，派遣労働の規制緩和は影響が顕著であ

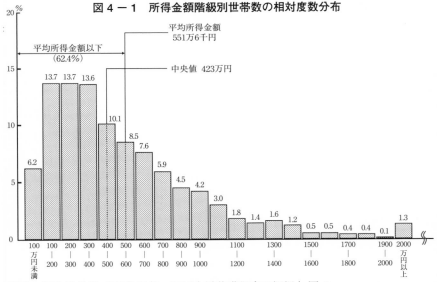

図 4 − 1　所得金額階級別世帯数の相対度数分布

資料：厚生労働省「平成 30 年　国民生活基礎調査の概況」図 9
　　　http://www.mhlw.go.jp/toukei/saikin/hw/k-tyosa/k-tyosa18/dl/03.pdf

る。派遣先企業のニーズに応じ，1日単位の派遣，いわゆる「日雇い派遣」に特化する派遣会社も現れ，ワーキングプアの典型として注目されるようになった。

　ワーキングプア（working poor）という用語は，学術用語として定着しているものではない。格差社会がそうであるように，意味の曖昧性は否定できないが現代社会をとらえるには欠かせない用語として位置づけられつつある。一般には，正社員並みにあるいは正社員としてフルタイムで働いてもぎりぎりの生活さえ維持が困難，もしくは生活保護の水準以下の収入しか得られない社会階層を指す。直訳すると，「働く貧困層」と解釈される。

　「働いても，貧しさから抜け出せない」ところにワーキングプアの重さがある。働いても，保護水準以下の生活しかできない，働く貧困層は「400万世帯」ともいわれる（所得金額階級別世帯数の相対度数分布のグラフを参照）。雇用の世界がおかしくなっている。現代社会の貧困がパートや派遣労働のような不安定雇用に特徴があることを示唆しているともいえる。この働く貧困層を，メディアは，次のように描く。

　「『去年はつらかった。あんな生活には戻りたくない』39歳，東京の私立高校を卒業後，食品会社を振り出しに職を転々とした。バブル後の不況で求人が減り，落ち着いた先はパチンコ店。住み込みで10年勤めたが2年前，『リストラ』で解雇された。
　派遣労働でしのぐ日々。契約を切られ，路頭に迷ったのは昨年春のことだ。所持金2万円。終夜営業の健康ランドや漫画喫茶で仮眠し，100円菓子で空腹を紛らせた。」

　「年の瀬の早朝，インターネットカフェから出てきた男性（29）は，住居も定職もない。荷物は，着替えのジーンズとトレーナーを入れたリュックサックだけだ。
　大阪の高校を中退後，飲食店で店長も務めたが，不況のなかで職を失った。

蓄えが底をついた半年前から，週に 4 日はネットカフェの客だ。一晩 1,000 円前後の格安店を選び，リクライニングシートを倒して眠りにつく。

　仕事は，週に 3 日ほどしかない。建設現場や路上清掃。日当は高くて 6,000 円だ。終夜営業の CD 店で時間をつぶし，始発電車に乗って眠る日も多い。『普通の生活をしたい。』男性はあえぐ。」（資料『読売新聞』2007 年 1 月 4 日朝刊）

　ワーキングプアが大量に発生した要因として，企業の人件費削減の流れが指摘されている。企業は，賃金水準の抑制 安価な労働力確保を目的とした海外への進出，賃金の高い正社員の新規採用の削減，人件費が安価で売上等状況に応じて雇用調整を行いやすいアルバイトやパート，契約社員，派遣社員といった非正規社員を増やす，などにより，総人件費の抑制を図った。なお非正規社員への置き換えについては，製造現場への派遣行為を禁じていた労働者派遣法旧規程が 2006 年に緩和された事による，大企業の製造現場における偽装請負といった法令違反も発覚した。

3. 企業の社会的責任

▼ ライブドア事件

　2006 年 1 月，インターネット関連企業，ライブドアが東京地検特捜部の捜査を受けた。株価の不当操作や利益を水増しした決算発表が証券取引法違反の容疑である。ライブドアの知名度と社長の堀江氏の拝金主義的なスタイルがマスコミをにぎわせていただけに，このニュースは経済界だけでなく，広く社会に衝撃を走らせた。市場主義経済の矛盾や規制緩和で走ってきた社会への警鐘の一つになった事件である。

　堀江貴文社長は 1972 年に福岡県に生まれ，大学在学中にインターネット関連で起業，2000 年には東証マザーズに株式を上場。積極的な M&A（企業の合併・買収）を繰り返し，04 年には，日本グローバル証券を買収，収益力の

高い金融関連事業にも乗り出した。彼の知名度が一気に高まったのは04年，プロ野球のチーム（近鉄バッファローズ）の買収に名乗りをあげてからである。この買収は成功しなかったが，2005年にはニッポン放送株の大量取得をめぐってテレビ局との攻防を展開した。さらに，この年の総選挙に無所属で立候補，選挙では有力相手候補に負けたものの，積極的なM&Aと，社名や彼の知名度をいかしたビジネスを展開，グループ社員数2,500名を抱えるまでに成長した。

　政府の構造改革路線や規制緩和の問題点を指摘してきた経済評論家の内橋克人氏は，このライブドア事件の背景には，単に金もうけ主義や拝金主義の行き過ぎがあるというのでなく，根源的な構造ともいえる3つの「熱狂」に翻弄されているという。第一に米国発の単一の価値観を世界経済の標準とするグローバル化，第二に情報技術と結びついた超巨大マネーの国家を超える力，そして第三にマネーの動きをより自由にすべきだとする新自由主義的な考え方，である。日本もグローバル化の波から逃れることはできないが，新自由主義に対して，積極的に「適応」し規制撤廃に走りすぎたツケがライブドア事件ではないかという。

　ライブドア事件は，市場主義が単に経済活動のみでなく，人の価値基準や行動基準までおかしくしてしまったことを教えている。日本人の国柄というか，誠実，忍耐，工夫，努力といった美風を失いつつあることを理解すべきかも知れない。市場主義や規制緩和にすべての原因があるわけではないが，年功序列を成果主義に変え，派遣労働という不安定な雇用を広げ，人間を幸福にしない社会をつくってしまった。ライブドアの経営を賛美し，堀江氏の言動に喝采をおくった政治家はきちんと反省をするべきである。

▼ 雇用の安定

　ショッキングな数字というか，驚くべき統計データが自殺者の数である。日本で，2007年の1年間で自殺した人は，前年比2.9％増の3万3,093人で，自殺者が3万人を上回ったのは，1998年以降10年連続である。1日の平均は，

約 90 人という深刻な自殺大国は何とも言葉に窮する。この 10 年で半減した交通事故死者（2007 年で 5,744 人）の 5.8 倍になる。

　自殺者で増えているのが 60 歳以上と働き盛りの 30 歳代である。年齢や性別で自殺原因は異なるが、健康問題に次いで多いのが、経済・生活問題、そして家庭問題、勤務問題である。ここで勤務問題に注目すると、具体的には仕事の疲れ、職場の人間関係、仕事の失敗、職場環境の変化などがあげられている。現代社会の歪みの深さをここから読み取ることができる。そこで、労働の意味からして雇用の安定がいかに重要であるか、そしてその関連で企業のあり方を問うこともまた重要である、ということについて考えてみたい。

▼ 労働の意味について

　われわれは何のために働くのであろうか。普通すぐに思いつくのは収入を得るためである。稼がないと生きることがむずかしいからである。確かに、労働は対価としての賃金・報酬が支払われることが重要であり、お金のために働くのは当然のことである。しかし、これは仕事の一つの面にすぎない。むしろ仕事・労働の意味としては、人間としての能力を発揮するとともに、仕事を通して社会に組み込まれること、社会とのつながりをもつことに労働の重要性がある。仕事に熟達し、高い評価を得ることで自分らしさや自分の個性を色濃く発揮することができる。だが、仕事に関する言葉で、「天職」「聖職」「奉職」などが日常的に使われなくなり、むしろ避けられる傾向さえあるように、仕事を通して社会とのつながりを確かなものにしようという意識や価値が希薄化しているのは事実であろう。ややもすると、仕事は生活の糧を得る手段であるから、少ない労働でどれだけ高い報酬や賃金、利益を上げるかが立派であるということになってしまっているようだ。個々人が仕事の持続性や安定性の意義を自覚しにくいのはこういうところにもある。また、安易に転職を繰り返したり、逆に定職を軽くみる傾向の原因の一つがこうした職業観にもあるのではないだろうか。

　仕事や労働は、単に収入を得る手段ではなく、社会への繋がり、社会への通

路であることは先に触れた。社会というのは抽象的でどこかとらえがたいが，具体的にはふだんあいさつを交わす近隣地域や職場の仲間を想定すれば，社会を身近に感じることができる。よく耳にする「一人では生きていけない」という場合，精神的な孤独さをイメージするかも知れないが，基本的には，社会という共通の行動規範を有する集団の必要性，そして他人との相互協力や相互扶助が欠かせないことを想起してみるとよい。そこに，社会が存在する意義があるし，社会が公共的に結びついていることを理解することができよう。

　一般に「価値」というのはさまざまな解釈があるが，労働の価値といった場合，単にお金に換算できる価値（＝価格）だけでなく，労働の意味や意義を社会とのかかわりで位置付けることが必要である。さらには，労働を通して自分という個人の内面的な発達や精神的な満足感，達成感を得ることが可能であり，それらの点も含まれることになる。労働の価値を，価格（賃金）でとらえるあるいは価格が価値のすべてであるかのように理解してしまうと「お金のために働く」となるし，労働は生活の糧を得るための手段だけになってしまうであろう。多くの労働者は企業に雇われて働き，生活を維持するが，この雇用労働では，経営者と労働者はお互いを「雇い雇われるだけの関係」と意識しているのか，そうでない関係もあるのか，を問い直すことは重要な問題である。企業のあり方については，そのような問題も含めて問う必要がある。

▼ 企業のあり方について

　1990年代に，パソコンなどのコンピュータ機器が安価となり，ソフトウエアの機能や操作性が格段に進歩したこともあって，多くの職場は劇的な変化を強いられ，とりわけ事務職場の働き方は激変する。この動きをIT（Information Technology）化とよぶ。その内容を簡潔に述べれば，企業がITシステムを導入し，電子メール，インターネット，LANを用いて事務処理の電子化を推進する。事務の机に一人一台専用のパソコンがオンライン化しているのが，変化に照応した職場の情景である。

　IT化による仕事の変化は，定型的な仕事（routin work）が減少したことで

あり，逆に増加した仕事は創意工夫が求められる仕事・専門的な仕事である。個人レベルでみると，書類を清書したり複写したりする作業は，定型的な仕事として事務補助に依頼すればよかったが，今では非定型的な仕事だけをしていた人も，定型的な仕事をこなさなくてはならなくなった。コンピュータの操作能力や情報技術力が仕事に求められ，加えて，専門知識の深化やオリジナリティ，企画力，対人コミュニケーションが重要となっている。こうした変化は，管理職の役割を見直したり，テレワーク（telework）などの在宅勤務が増大する，などの新しい動きとして注目されねばならない。他方では，IT化が進んだ企業ほど，派遣や契約などの非正規社員の割合が多くなり，外部委託利用が増える傾向にある。すなわち，定型的業務はパートタイマーやアルバイト，派遣労働者に任せ，情報の重要性を判断・分析し，企画を立案する仕事は正社員にという仕事の二極化が雇用形態の格差と重なって進展しているという企業のあり方に現代社会の問題性を指摘するべきであろう。2008年のアメリカ発の金融危機に端を発する世界同時不況により「派遣切り」「雇い止め」などの雇用問題は，工場などの製造現場に留まる現象ではないことに留意しておかねばならない。

　労働の場を提供する企業の側は，会社を存続させ倒産など最悪の事態におちいることがないように経営者の責任を強く自覚する必要がある。経済不況に直面し経営の悪化に遭遇したら，会社の利益を優先し，そのためには人件費の削減・人員整理をやむなしとする経営姿勢は強く批判されるべきである。

　『会社は誰のものか』という本に，ホンダという会社は，経営陣は自分の息子を会社に入れることをしない，それを守ったということが記述されている。創業者の本田宗一郎の言葉も紹介されている。

　「よそさまのことをいっちゃ申し訳ないけど，息子や親せきでないと社長にしないとか，東大出でないといかんとか，企業に関係のない条件で選んでいるところがありますね。みんなが見てるというのに，それでいいと思っているんですかね。会社は大勢がメシを食うところ，大勢の生命の源泉です。そこを忘れたら，会社はつぶれますよ」

　企業の社会的責任（CSR: Corporate Social Responsibility）が強調されるようになって久しい。企業のあり方は多方面にわたって社会的責任を背負っているという意味で，私的企業であっても公共性と深くかかわっている。企業は顧客や消費者の満足をも考慮して利益を得ているが，会社の従業員一人ひとりの満足をも十分に配慮することが求められている。企業の社会的責任はそれにとどまるものではなく，経済だけでなく社会（さらには世界）や環境などにも責任をもつことが求められているという今日的意味をもっている。

　グローバル化の進展のもとで，いわゆる「持続可能な開発」が，地球環境問題との関連で先進資本主義諸国だけでなく世界のあらゆる国に提起されている問題である。この問題は経済成長の追求のあり方，そしていわゆる「途上国」における開発・貧困解消という問題も抱えた複雑な性格をもっている。そのような情況のもので，企業がどのようなかたちでどの程度責任を担うかを具体的にはっきりさせていくことは，日本社会のみならず世界における公共性の前進にとって重要な課題であることを指摘しておこう。

〈コラム　過労死を考える〉

　過労死の問題は，最近では過労自殺と併せ一連のものとして取り上げられています。過労死・過労自殺が日本で大きく取り上げられるようになったのは 1980 年代の半ばごろからです。一般には，働き過ぎによる突然死というのが過労死です。労働が過酷で長時間の時代ならともかく，高度な産業社会の日本で過労死がおきてくるとはにわかには信じがたいことです。

　実は，過労死が表面化する 10 年くらい前から，日本では大きな社会の変化が起こっていました。産業の領域では，高度経済成長の中心であった鉄鋼，造船，石油化学などの重化学工業から家電製品，自動車，パソコンなどの知識集約型の産業にシフトしていきます。同時に，世界に先駆けて消エネ社会を目指し，生産システムという工場の生産ラインは根底から変わってきました。

　モノ作りの方法では，同じ製品の大量生産から，FMS（Flexible Manufacturing System）という「多品種少量生産」の社会へと変わり，消費の個人化・個別化に生産が対応し消費の拡大を意図した生産システムが確立してくるわけです。

　そういうものが何故，過労死に結びついてくるのかということです。例に挙げましたような，多品種を複雑に作り上げていくシステムを支えているのは，当然，

労働者，働いている人びとです。これを「柔軟な職務構造」とよんでおります。この柔軟な職務構造と，フレキシビリティ，多品種少量生産が結びついて，1980年代以降の日本の繁栄が達成されたのです。その繁栄の陰に，多数の過労死あるいは過労自殺という，社会の暗い部分，負の部分をもたらしております。

　しかし，単に過密労働だけが過労死・過労自殺の要因ではないのです。「フレキシビリティ」の内容とその背後にある社会の変化に留意することが必要です。柔軟性という言葉はいかにもしなやかで耳障りも良いものですが，それを可能にしていた日本の社会のお互いを支えあう文化，あるいは我々が共有できていた共同性や同質性というものが大きく崩れているのです。個人を支える家族や地域，職場の仲間といった集団が大きく変わってしまったのです。これは，雇用のあり方，フルタイム，派遣，嘱託といったさまざまな形態と結びつくのですが，雇用形態の多様化により，共同性と同質性が根底から崩れようとしているのです。それにもかかわらずフレキシビリティだけが強調され，ある特定の人びとに仕事が集中していく傾向があります。これを仕事の二極化とよんでいます。この仕事の二極化で，仕事をする人は人の分まですべてやり，気配りもでき，責任感もある，バリバリ働くタイプのまじめな人になります。この人びとが，過労死，過労自殺という形で追い込まれていくのです。

　フレキシビリティというのは柔軟性ですし，しなやかで柔らかいというイメージをもっている反面で，他人の指示にそのまま従う，摩擦を避けるための行動という意味ももっているようです。この面が強く出てきますと，自分中心で個別的な職場ができあがってしまいます。人と人をもう一度繋ぎ合わせる社会を再構築する時代でありましょう。

参考文献

阿部彩『弱者の居場所がない社会—貧困・格差と社会的包摂』講談社，2011 年

湯浅誠『反貧困「すべり台社会」からの脱出』岩波新書，2008 年

NHK スペシャル「ワーキングプア」取材班・編『ワーキングプア解決への道』ポプラ社，2008 年

碓井敏正『格差とイデオロギー』大月書店，2008 年

巨椋修・犬山明彦・山口敏太郎『ワーキングプアー死亡宣告』晋友社，2008 年

水島宏明『ネットカフェ難民と貧困日本』日本テレビ，2007 年

藤田和恵『民営化という名の労働破壊』大月書店，2006 年

本田由紀・内藤朝雄・後藤和智『「ニート」って言うな！』光文社新書，2006 年

第5章　公共性とセーフティネット

浜岡　政好

はじめに

　セーフティネット（safety-net）という言葉は，もともとはサーカスの綱渡りで万一の落下に備えて張られた安全網のことであったが，今日では，万一の事故などに備えて，「その被害を最小にしたり，損害額の補償，そして将来の所得不足にあらかじめの備えをすること」という意味で広く使われている。日本においてこのセーフティネットという言葉が具体的に何を指すかについては，広い意味には，死亡，病気，引退，失業，介護などの生活問題に対する社会保障・社会福祉制度や労働基準などの労働生活保障制度を意味するものとして使われ，またもっとも狭くは健康で文化的な最低限度の生活を保障する生活保護などの公的扶助を指して用いられている。

　これらの社会保障や社会福祉，労働基準などの公的な制度としてのセーフティネットはナショナル・ミニマム（国民の労働や生活に対する最低限保障）とよばれ，その整備は国や地方自治体の責任で行なわれるものとされている。日本においては第2次世界大戦の敗戦以降，戦後改革や国民「皆保険・皆年金」制度の実施などを求める社会運動に応える形で徐々に整備されてきたのである。それは高度成長期を通じて，日本の社会が大きく変貌し，それまでのセーフティネットであった血縁や地縁的な共同体では対応することがむずかしくなったからである。そこで国家や地方自治体などが中心になって教育，医療，福祉などの社会的な生活基盤の整備が行われ，社会保障制度などの公的なセーフ

131

ティネットがつくられていった。

　しかし，国や地方自治体による公的なセーフティネットが中心的位置を占めるようになったとはいえ，血縁や地縁などの共同体や，または学校縁や仕事縁，会社縁などさまざまな中間集団などが担う非「公的な」・制度化されていないセーフティネットがなくなったり，無用になったわけではない。そのことは，病気になったり仕事を失ったりした時に，親族や地域の人びとや友人などによる支えの重要さを思い浮かべてみればよくわかる。そうした非公的なセーフティネットは，人びとの労働や生活におけるセーフティネットとしては副次的なものに変わっていったが，今でも機能しており，こうした公私さまざまな多元的で重層的なセーフティネットによって，私たちは安心して日々の生活を送ることができているのである。

　ところで，今日，なぜ改めて公共性とセーフティネットの関係を問題にしなければならないのであろうか。それは高度成長期を経て出来あがってきた公的なセーフティネットが「石油危機」を契機にして揺らぎ，機能不全になってきたからである。その背後には経済・社会・国家構造の大きな変化があるが，そのことは後で詳しく見ることにして，その結果，従来の公的なセーフティネットに代わる新たなセーフティネットをどのように張り替えるかが課題となってきたからである。高度成長が終焉した 70 年代のなかば以降，公的なセーフティネットの抑制・縮小などに対応して，さまざまな非「公的な」セーフティネットが登場することとなった。この間の国民生活の変化とあわせてセーフティネットの変遷を，公共性の視点から振り返ってみることにする。

1. 「ワーキング・プア」の増大と「格差社会」の進行 ──

▼ 勤労者の労働と生活の困難化

　2018 年 6 月の内閣府『国民生活に関する世論調査』によると，昨年の今頃と比べた生活の向上感は，「向上している」と答えたものは 7.2%，「同じようなもの」が 78.7%，「低下している」が 13.8% となっている。1980 年代以降を

振り返って,「向上している」が最も高かったのはバブル経済末期の1991年の10.8%であった。「低下している」は1991年の12.0%を底に2003年の32.3%まで上昇し,その後2006年にかけて低下し,2008年,2009年のリーマン・ショックで再度34.1%に上昇している。2010年以降は低下し,現在に至っている。他方で,「同じようなもの」の比率はここ10年ぐらい上昇している。このように生活の向上感は低迷し,「低下」意識こそ減っているが,停滞感が強まっている。

　こうしたなかで,日頃の生活のなかで「悩みや不安を感じている」と答えた者の比率は65.7%となっている。この「悩みや不安を感じている」の比率は,1991年の46.8%を底に増加の一途をたどり,2000年以降は7割前後の高い水準で推移している。悩みや不安の内容は,「老後の生活設計」が54.0%で最も多く,次いで「自分の健康」(51.6%),「家族の健康」(42.8%),「今後の収入や資産の見通し」(39.5%)などとなっている。老後の不安は,1990年代の40%台から2006年以降には50%台へと10ポイント近く上昇している。そして,「今後の収入や資産の見通し」への不安も2005年以降40%前後で推移している。この背後に,社会保障や経済的な面での不安があることがわかる。

　こうした国民の生活不安の高まりをもたらしているのは,現実の国民生活における危機の深刻化である。その状況をいくつかの労働や生活の指標からみてみよう。まず,勤労者の労働生活における劣悪化,不安定化の様子を見ることにする。厚生労働省の「毎月勤労統計調査」によると,2015年を100.0とした現金給与総額の実質賃金指数は2012年が104.5で最も高く,その後は傾向的に低下して2018年には100.8になっている。アベノミクスで景気回復が謳われているこの6年間で3.7ポイントも低下しているのである。このように労働者の実質的な賃金は低下を続けているのである。

　同じく「毎月勤労統計調査」によって,労働時間の状況をみると,総実労働時間指数は2012年の101.8から2018年の99.8へと2.0ポイント減少している。しかし,所定外時間(残業時間)は同期間に94.7から98.1まで3.4ポイント増加している。2009年に世界的大不況の影響で一時的に減少しているが,その

後増大している。ここで総実労働時間が減っているのは，非正規の短時間労働者がこの間増大しているためであり，決してフルタイムで働く労働者の労働時間が短縮された結果ではない。ちなみに，「就業構造基本調査」で年間 200 日以上働いている非農林業雇用者の週就業時間をみれば，週 40 時間労働制に労働基準法が改正された 1988 年以降，週 49 時間以上働く男性雇用者数は，1990年代には減少しているが，2002 年，2007 年には再び 49 時間以上就業の比率が 40％を超え，1980 年代の水準に近づいた。その後，2017 年調査では 34.0％にまで低下しているが，それは短時間就労の非正規雇用者の増加によるもので，賃金の低下にもかかわらず依然として労働者の長時間労働は続いているのである。

　雇用・失業の状況を「労働力調査」（総務省）によってみてみよう。いわゆる「完全失業者」（ILO 基準の完全失業者の 3 要件，すなわち，月末の 1 週間の調査期間に 1 時間以上の仕事をしなかった無業者で，仕事があればすぐつくことができ，仕事を探す活動をしていた者）は 2005 年の 294 万人から 2009 年には世界同時不況の影響で 336 万人に急増し，その後，徐々に減少し 2018 年には 166 万人と 9 年連続減少している。「完全失業者」の増減に伴って当然，「完全失業」率も増減している。「完全失業」率は 1990 年の 2.1％から 2005 年の 4.4％，2009 年，2010 年の 5.1％へと急上昇した後下がり始め，2018 年には8 年連続で 2.4％にまで低下した。

　しかし，1990 年代後半以降は「完全失業者」も「完全失業」率も以前のように景気が回復したからといって「完全雇用」の水準とされる 3％以下にはならないことに注視する。またこの「労働力調査」による「完全失業者」が失業の実態を軽微に見せていることに批判があることも知っておく必要がある。無業者を「ふだん全く仕事をしていない者及び臨時的にしか仕事をしていない者」として把握する「就業構造基本調査」では，2017 年の就業希望の無業者のうち求職活動を行っている者は 334 万人で同年の「労働力調査」より 144 万人も多くなっている。

　このように完全失業の規模は 2010 年以降小さくなっているが，それは雇用

形態の変化と大きく関わっている。そのことを「就業構造基本調査」からみてみる。1997年の非正規の労働者はパート700万人，アルバイト334万人，嘱託など97万人，派遣社員26万人，その他103万人で，あわせて1,260万人であった。役員以外の全労働者に占める非正規労働者の割合は24.6％であった。非正規労働者は1992年の調査より206万人も増えていた。2017年調査の非正規労働者は，パート1,032万人，アルバイト439万人，派遣労働者142万人，契約・嘱託425万人，その他96万人で，合計2,133万人となっている。役員などを除く全労働者の38.2％と4割弱になっている。この20年間で873万人も増えている。90年代の半ば以降すさまじい勢いで非正規労働者が増えてきたことがわかる。

　こうした低所得の不安定雇用労働者が増えただけではない。フリーランスなど自営業の形での名ばかり自営業＝事実上の低賃金不安定労働者も増えている。「就業構造基本調査」（2017年）の自営業主の年所得200万円未満は39.6％となっている。こうした名目的自営業者も半失業状態にあるとみるべきであろう。このように1990年代後半以降さまざまな形態をとった現代の「ワーキング・プア」（working poor）＝「働く貧困層」ともいうべき低所得不安定就業者が急激に拡大してきているのである。その結果，OECD基準（等価可処分所得の中央値の半分）を用いた貧困線（122万円）による2012年の「相対的貧困率」は全世帯で16.1％となっており，貧困が大きな拡がりをもってきている。

　すでにみたような労働生活の劣悪化や雇用の不安定化，失業の増大はそのまま消費生活の貧困化につながることになる。「家計調査」（総務省）によると，勤労者世帯（2人以上世帯）の実収入は1997年の59.5万円をピークに下がってきており，2018年には55.9万円と94％に減少している。賃金抑制の影響で世帯主収入が48.0万円から42.6万円へと低下しているだけではなく，世帯の有業人員数が増加しているのに世帯の実収入が減少してきている。

　他方，収入減に対応して家計支出も縮小している。実支出は1998年の44.7万円から2018年には41.9万円へと93.7％に下降している。消費支出も同時期に89.2％に収縮している。内訳は食料89.2％，住居81.8％，光熱・水道104.5

％，家具・家事用品 93.0％，被服・履物 68.5％，保健医療 113.3％，交通通信 124.7％，教育 102.0％，教養娯楽 86.5％，その他の消費支出 66.4％などとなっている。消費支出が１割減少している時に逆に増えている費目は，すべて今日の社会では節約が難しい公共サービス費用であり，そのため収入が減っているなかで衣食住や楽しみの費用が「節約」されていることがわかる。

　日本の勤労者家計の大きな特徴は，消費支出や非消費支出のほかにそれらを上回る「実支出以外の支出」（預貯金，民間の保険掛金，借金返済など）があることである。この金額は 2018 年の勤労者家計で 57.2 万円にもなっており，このために勤労者家計の支出総額は，年平均１ヶ月約 105 万円の規模に膨張している。これは長期生活課題（教育，住宅，老後など）への対応が基本的に個々の勤労者世帯の私的な「自助努力」に委ねられているためである。

▼ 公的セーフティネットの縮小・不全と「格差社会」化

　しかし，すでにみたように 1990 年代後半以降雇用が不安定化し，所得が減少すると，前述のような生活の仕方を維持することはむずかしくなる。そして就業が不安定で，所得の低い労働者の下層や零細自営業者，失業者などから急激な勢いで生活破綻が広がっていった。

　家計が硬直化し，その規模を大幅に縮小することがむずかしいとなれば，借金によってしのぐことが増える。その結果，多重債務等による個人の自己破産も増加する。個人の自己破産件数は 1995 年頃から増大し続け，2003 年には過去最高の 24.2 万件を超えた。2004 年以後は減少し 2018 年には 73,084 件に減少している。しかし，これは個人再生手続き，特定調停手続き，債務整理手続きなどの利用が増加したことによるもので，借金で困っている多重債務者が減ったことを示すものではないとみられている。

　また生活破綻は公的セーフティネットからの脱落を増加させている。2018 年「公的年金加入状況等調査」によれば，公的年金の非加入者は 29.5 万人，また 2017 年「国民年金被保険者実態調査」では，国民年金の保険料納付者は完納者 508.3 万人（全体の 37.2％），一部納付者 142.1 万人（同 10.4％），１号期間滞納

者264.8万人（同19.4%），申請全額免除者220.8万人（同16.2%），学生納付特例者179.2万人（同13.1%），若年者納付猶予者が52.0万人（同3.8%）となっている。一部納入者を含む保険料納付者の比率は，低下し続けており，滞納・未納等が増えている。これは将来の無年金・低年金の人びとを増大させていることを意味している。

　また健康保険制度からの脱落も広がっている。国民健康保険料の滞納世帯数は2000年の370万世帯から2006年には480万世帯へと増加し，その後，2010年436万世帯，2018年267万世帯と低下している。これは全国民健康保険加入世帯の14.5%である。これは滞納対策としてペナルティを強化したことの結果であるが，公的年金等とのリンクは，高齢期の生活をいっそう過酷なものにしている。また滞納者に対する短期保険証（有効期限1〜3ヶ月）の発行は2018年で75.4万世帯，保険証を取り上げられた資格証明書発行世帯は17.2万世帯になっている。このように公的セーフティネットとしての「国民皆保険・皆年金」は空洞化してきているのである。

　広義のセーフティネットが十分に機能しなくなるなかで，最狭義のセーフティネットとしての生活保護受給者が増加している。1993年に58.6万世帯と最も少なくなった生活保護の受給世帯数は，1990年代後半以降における労働や生活の状態悪化を受けて増大し続け，2005年度には100万世帯を超え，2018年度には164万世帯になっている。被保護人員も210万人と増えてはいる。しかし，近年では被保護人員，被保護世帯数とも減少傾向にあり，稼働収入を得にくい高齢者や障害者が増えている。また見逃してはならないのは自殺者数の推移である。自殺者数は1998年から2011年まで長期に3万人を上回っていた。この間減ってきているとはいえ2015年で24,025人が自殺している。

　これらの生活が破綻し，極貧層へ落層化した人びとの背後にはすでにみたような膨大な落層予備軍としての「ワーキング・プア」が控えている。前述のようにOECDの「相対的貧困率」が16.1%となり，1990年代半ばに11.9%であったことからすれば，この間の「ワーキング・プア」の急増でアメリカ並みの貧困大国になったのである。他方，勤労者の貧困化をよそに一部の富裕層には

いっそう富が蓄積されており，国民生活の二極化が進んできた。日本は1980
年代以降アメリカを凌いで「先進諸国のなかで最高の不平等度」になったとい
われているが，最近ではさらに不平等化に加速がかかり，「格差社会」化がも
たらされている。

2.　生活危機とセーフティネットの不全はなぜもたらされたか ―

　今日の勤労者生活における危機の深刻化やセーフティネットの不全はなぜも
たらされたのであろうか。以下では，それを3つの視点から考えることにする。

▼　福祉国家の危機と新自由主義的な対応

　第2次世界大戦後の高度成長期を経てできあがった戦後日本の国家のあり方
を，ここでは一応「日本的な福祉国家」とよんでおこう。国家や地方自治体の
保障する公的なセーフティネットのカバーする範囲と水準はヨーロッパの福祉
国家のそれと比べるとずいぶん貧弱なものではあったが，後発福祉国家とし
て，やがて経済的に豊かになれば，西ヨーロッパ水準に近づくことがめざされ
ていた。この福祉国家の経済的基礎となっていたのは日本でも欧米でも大量生
産・大量消費型の経済社会システムであった。しかし，この経済社会システム
は過剰生産や環境・資源問題，グローバル化など自ら制御できない深刻な限界
にぶつかり，それが福祉国家の危機へと向かうことになった。

　こうして公的なセーフティネットの拡充の担い手としての福祉国家というあ
り方は「石油危機」後に大きく転換することとなった。それは，福祉国家に
よる公的セーフティネットの維持・拡充に必要な費用が主として経済の高度成
長と累進課税などに依存していたからである。高度成長の終焉によって公的な
セーフティネットに対する財政的制約が大きくのしかかり，他方で，人びとの
労働と生活における諸問題への対処の仕方においても個別的対応の必要性が増
大した。財政危機とそれまでの政府による画一的なセーフティネットの有効性
への疑念が福祉国家に対する信頼を低下させた。こうして日本においても不十

分とはいえ，国家や地方自治体を中心に進められてきた公的なセーフティネットの再構築が大きな社会的課題として意識されるようになった。

とはいえ，公的セーフティネットの範囲や水準が不十分ななかでの福祉国家からの転換は，従来の公的セーフティネットの縮小を補う他のセーフティネットによる代替を必要とした。そこで福祉国家に代わるものとして低成長下で登場したのが「日本型福祉社会」論であった。そこでは公的セーフティネットの縮小をカバーするものとして，家族と企業の役割が強調された。家族の福祉機能や従業員に対する企業福利などの私的なものが「日本的」なセーフティネットとして期待されたのである。しかし，その時「日本的」と考えられた家族や企業のもつ福祉機能は少子高齢化や経済のグローバル化のなかであっという間に消失し，後には縮小された公的セーフティネットが残されることになった。こうして先にみたように国民の生活不安は空前の高まりを見せることになったのである。

高度成長期以降の日本における勤労者の労働と生活の仕方は，経済・企業領域が勤労者の地域生活や家庭生活における活動力を吸い上げて，それをもっぱら経済・企業の営利活動のために消尽するというものであった。その結果，地域や家庭などの社会領域においては家族の再生産の危機が進行し，また地域社会を維持するための互助的な活動力が失われたために，政治・行政領域が社会領域での活動を代替してきた。それが「大きな政府」といわれた福祉国家であった。しかし，後発福祉国家として政治・行政領域による公的セーフティネットが不十分であった日本では，家族や地域社会における活動力の衰退を福祉国家が十分にカバーできず，一部を企業が福利厚生として代替してきたが，そのことに過度に期待を寄せたのが前述の「日本型福祉社会」論であった。

バブル経済の破綻によって「日本型福祉社会」論が雲散霧消すると，今度はグローバル・スタンダードを標榜するアメリカ型のむき出しの新自由主義的な考え方が政策に導入された。それは，大量生産・大量消費型の経済社会システムを「福祉国家」ではなく，「市場」によって制御しようとする考え方である。「構造改革」と称して 1990 年代以降展開されてきた経済社会制度の「改革」

は，経済社会システムの危機を「市場」による制御で解決しようとするものである。「市場」の暴走がもたらす勤労者の労働と生活の破壊を抑制するために行なわれていた政治や行政からの各種の経済的・社会的な規制の「緩和」を推進し，経済のグローバル化や競争激化をさらに促進して，市場の力により危機を打開しようとした。

　しかし，こうした新自由主義的な処方箋では経済社会システムを制御できずに，経済はバブルと長期不況を繰り返し，他方で効果を発揮できない公共投資などによって膨大な赤字国債を累積してきた。そのあげく「サブプライム・ローン」を契機に世界的金融危機が生じ，2008 年秋以降は深刻な世界同時不況におちいることになった。またもや「市場の失敗」を繰り返してしまったのである。これが今日の勤労者の生活危機や生活破綻の根本にあるものである。新自由主義的な危機への処方箋によって，次に述べるようなそれまでのセーフティネットの解体と再編を行ったことで勤労者の生活危機がいっそう深刻化したのである。

▼ 戦後のセーフティネットの解体と再編

　新自由主義的な政策への転換にともなって，戦後つくり上げられてきた公私さまざまな多元的・重層的なセーフティネットの解体と再編が行なわれた。すなわち，第1にはすでにふれた福祉国家の見直しによる社会保障・社会福祉などの公的セーフティネットの抑制・縮小である。1980 年以降，財政危機の名の下に「臨調行革」が推進され，「財政構造改革」，「社会保障構造改革」によって社会保障財政の抑制と削減，そして社会保障制度の改変・縮減が行われた。例えば，基礎年金制度の導入にともなう年金給付の引き下げや，「123 号通達」による生活保護給付の抑制など行なわれ，「福祉が人を殺す」とまでいわれる状況がもたらされた。

　第2の戦後セーフティネットの解体・再編は企業による「日本的労使関係」の見直しであった。もともと後発福祉国家として公的セーフティネットの不備を補って，「自助努力」型の膨張した家計を支えてきたのは，日本型雇用慣行

としての「終身雇用」制や「年功賃金」制やそれを可能にした右肩上がりの経済成長であった。しかし，1990年代に入り企業のグローバルな経済競争への対応が熾烈化するなかで，高度成長期以降に一般化した「終身雇用」や「年功賃金」やなどの長期雇用保障慣行の見直しが行われた。財界の日本型雇用慣行に対する「改革」のシナリオが，1995年に日経連から出された『新時代の「日本的経営」』であった。平行する形で国は企業からの要請を受けて「就業の多様化」，「雇用の弾力化」を実現するための労働法制の「規制改革」を推進した。これらの措置はいずれも人件費の抑制を企図したものであった。

　この雇用におけるセーフティネットの解体・再編により，雇用の不安定化や労働生活の困難化，所得の抑制・低下がもたらされ前述のように非正規労働者が激増することになったのである。こうした「ワーキング・プア」の増大とそこへの釘付けは単に労働生活の内容を劣悪化させるだけではない。仕事の不安定化と収入の低さと不安定さは，社会保障制度などの公的セーフティネットからの排除にも連動する。それは日本の社会保障制度が医療保険も年金保険も正規労働者を標準としており，「ワーキング・プア」のような状況に陥れば，その収入の低さや不安定さから保険料の支払いが困難になるからである。先にみた大量の公的セーフティネットからの脱落はそのことを示している。

　第3のセーフティネットの解体・再編は国内産業保護政策の見直しであった。これは多国籍企業化した日本の大企業にとって国内産業保護のコストが経済活動の制約になり，「日本経済の高コスト構造の是正」の一環として地域を支えてきた中小企業や自営業，農業などへの保護が縮小された。アメリカの多国籍企業の圧力による大店法（「大規模小売店舗立地法」）の規制緩和や改正，外国米の輸入や国内での競争を促す食管法の廃止などはそうした政策転換を示す象徴的なできごとであった。これらの措置は，外国の多国籍大企業に対する国内市場の開放の側面と日本の多国籍大企業の国内でのコスト低減の側面の二つの面をもっていた。その結果，地域を支えてきた中小零細企業や自営業者，農民などの中間層の生活が脅かされ，地域生活のセーフティネットが脆弱化することになった。

▼ 戦後型生活様式の維持困難と私的・個人主義的対応

　勤労者家計の分析で指摘したように，日本の勤労者家計は個々の世帯の家計規模がいちじるしく大きくなっているが，それは子どもの教育費，住宅取得費，老後費用など長期の生活課題への対応を私的・個別的に行なわなければならないために，家計のなかでそれに備えて，預貯金をしたり，借金をしたりしているからである。こうした高度経済成長期以降に形成された生活の仕方をここでは「戦後型生活様式」とよぶことにする。今日の生活危機の深刻化の背景には，このような標準化された「戦後型生活様式」の維持が大きな困難に直面しているという問題がある。

　日本の勤労者の「戦後型生活様式」は，後発福祉国家の下での社会保障制度などの公的・制度的セーフティネットや公的な社会サービスが不十分ななかで，日々の消費支出だけでなく大学等での学費や住宅取得などの大型出費，老後や不時の出費なども賃金で賄うしかないために賃金依存率が異常に高くなっている。つまり，教育や住宅，老後などの長期的生活課題が公共的な課題とされることなく，その多くを私的・個人的に対応することを余儀なくされた生活様式だったのである。この標準とされた「戦後型生活様式」は1980年代までは長期雇用保障慣行や右肩上がりの経済などによって，借金と預貯金を巧みに組み合わせた綱渡りのような生活ではあったがかろうじて維持されていた。

　しかし，すでにみたように1990年代に入って「戦後型生活様式」が前提にしていた「日本的労使関係」は再編され，右肩上がりの収入の消失，雇用の不安定化，失業の増大，世帯賃金の個人賃金化，賃金の抑制などが進んだ。それは長期的な見通しの下で準備の預貯金を積み立てたり，借金の返済を行なうことをむずかしくする。こうして勤労者世帯の標準的な「戦後型生活様式」の維持が困難になっていった。そして現在この標準的生活様式の崩壊が起こってきているのである。

　生活危機への社会的対抗力の弱まりも問題をいっそう厳しいものにさせている。1990年代以降，企業のリストラや労働力の流動化が推し進められるなかで，労働と生活の悪化に対する集団的・組織的対抗力としての労働組合はその

社会的力をいちじるしく低下させてきた。その組織率も低下している。また，協同組合運動もその社会運動としての側面を弱めてきた。ソーシャル・アクションは全般的に低下し，社会的困難を集団的・組織的な運動によって社会的に解決すべきとする理解は弱まり，社会的困難としての生活危機を個人的または私的なリスクマネジメントの失敗とみなす傾向が強まった。生活危機に私的・個人的に備えること（自助）が求められる時代になり，公的・社会的セーフティネットから私的・個人的セーフティネットへと重点が移されていった。

　このように，それまでの経済社会システムが動揺している時に，新自由主義的処方に基づいて，勤労者のセーフティ・ネットの解体と再編を同時進行させたため，勤労者の生活危機はいっそう深刻化した，しかも，社会的にしか解決できない生活危機に対して，私的・個人的に対応することが求められ，その危機に対応できない場合には，個人の自己責任となる風潮が強まるなかで，人びとの不安感はさらに募り，何にも誰にも頼ることができないという気持ちが高まることになった。国民の不安感が空前の高まりをみせる背景にはこうした事情があった。

3.　セーフティネットの再生と公共性の再構築 ─────

▼ セーフティネットの今日的構図

　では，国民のこうした生活危機，生活不安「地獄」からどうしたら脱却できるのであろうか。そのためには破壊されたセーフティネットをもう一度張り替える必要がある。ここでは「所得保障政策や社会福祉政策全般」などの公的・制度的なセーフティネットだけでなく，インフォーマルな助け合いや私的な備えまで含めて多元的，重層的にセーフティネットをとらえることにする。それは今日の生活危機や生活不安が福祉国家の危機による社会保障制度などの制度化された公的セーフティネットの縮小等に起因するだけでなく，地域や家庭などの社会領域における助け合いの困難化などをも反映するものだからである。したがって，公的・制度的セーフティネットの再生と並んで，社会領域などに

図5-1　セーフティネットと公共性・共同性

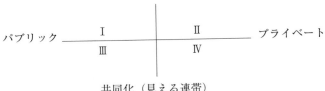

個人化（見えざる連帯）

パブリック ――――――――――――――――― プライベート
（I　　　　　II）
（III　　　　IV）

共同化（見える連帯）

おける安心の仕組みづくりが求められることになる。

　そこで今日の多元的なセーフティネットの状況を理解するために，図5-1のように「パブリック―プライベート」と「個人化（見えざる連帯）―共同化（見える連帯）」の2軸で整理することにする。第Iの象限は，パブリックで個人化されたセーフティネットの領域である。社会保障・社会福祉など行政などによって制度化された公的セーフティネットがこれにあたり，人びとは個々人が強制的な税金や保険料などを通じて制度に加わっている。第IIの象限は，プライベートで個人化されたセーフティネットである。ここは民間企業の保険など市場によって提供されるセーフティネットの領域である。人びとは任意の保険への拠出や預貯金などによってセーフティネットに参加することになる。

　第IIIの象限は，パブリックで共同化されたセーフティネットである。NPOや協同組合，ボランティアなど人びとの共同によって担われるセーフティネットである。非営利の民間によって担われるこの領域のセーフティネットにおいては私的な諸個人が結びつき共同の力として公の仕事を遂行する。その意味では，この象限のセーフティネットは第I象限の制度化された「公」的なセーフティネットに対して，「公共」的なセーフティネットと呼ぶことができるであろう。そして第IV象限は，プライベートで共同化されたセーフティネットであり，家族や親族，友人などによって作られるセーフティネットの領域である。すなわち，家族や地域，友人間でおいて行なわれているインフォーマルな助け合いである。

　ところで第I象限と第II象限の「個人化」を「見えざる連帯」としたのは，

ここで行なわれているセーフティネットが制度やシステムなどの無機的な連帯によって行なわれているからである。他方，第Ⅲ象限や第Ⅳ象限の「共同化」は直接的な人による助け合いということで「見える連帯」と名付けた。したがって，第Ⅰと第Ⅱは制度・システムによるセーフティネット，第Ⅲと第Ⅳの象限は人が介在するセーフティネットということになる。

　昨今，人と人のつながりである「ソーシャル・キャピタル」（社会関係資本）など「見える連帯」の重要性に注目が集まっているが，これは無機的な「見えざる連帯」に取って代わるものではない。福祉国家による「見えざる連帯」は「見知らぬ個々人の間に，国家を媒介として資源が行き来するというつながり」であり，この無機的な連帯のおかげで「だれに膝を屈することなく，日々のミニマムが確保されうるようになる」からである。つまり，「最低生活を権利として保障する福祉国家の意義は，愛や慈善や思いやりや支えあいといったものに訴えずに，権利内容が実現されるところにある」からである。

　セーフティネットと公共性，共同性との関連を以上のように整理したうえで，1990年代以降の新自由主義的政策による「構造改革」によってセーフティネットがどのように変容したかをみてみよう。第Ⅰ象限の社会保障や公共サービスなどの公的セーフティネットは「小さな政府」を志向する新自由主義的政策によって縮小させられただけではなく，積極的に「市場」へと誘導させられた。「民間でできるものは民間に委ねる」という規制緩和が推進された結果，第Ⅱ象限の商品としての「買うセーフティネット」へのシフトが進みこの領域は拡大した。例えば，公的医療保険給付の縮小に対応して，民間のがん・医療保険の加入率が増加している。「生命保険に関する全国実態調査」（生命保険文化センター）よると，2015年の民間保険加入世帯の医療保険・医療特約な加入比率は9割を超えており，ガン保険・ガン特約の加入比率も60％に上昇している。

　また第Ⅰ象限の公的セーフティネットの機能の一部を第Ⅲ象限のセーフティネットであるNPOや協同組合などに代替させる動きもある。しかし，単なる代替ではなく，NPOや協同組合などが積極的に地域の新しいセーフティネッ

トを創出することもある。公的介護保険の導入にあたって，行政は介護サービスの提供事業者を多様化するために，NPOや協同組合等の参入を促した。それはそれまでの公的サービスの担い手であった社会福祉法人や医療法人などだけではサービス供給量が確保できなかったからである。しかし，NPOや協同組合などは介護保険サービスを提供するだけでなく，介護保険の対象外の高齢者等の生活支援の活動なども行ったりしている。

　第Ⅳ象限の地域社会や家族，親族，友人などでの互助力は低下し，孤立状態に置かれている人びとが増えている。2007年版『国民生活白書─つながりが築く豊かな国民生活─』は地域でも家庭でもつながりが希薄化していることを指摘している。白書はあいさつ程度以下の近所づきあいしかせず，地域活動に全く参加していない「地域から孤立する人」は2割，近隣関係を持たず，地域活動にも参加しない「地域から完全に孤立している人」は7.0％と分析している。同居家族と過ごす時間がとれていない者が男性で21.1％，女性で14.4％も存在している。こうした人びとの孤立化の背景には単身世帯の増加や長時間労働，長時間通勤，賃貸マンションの増加などさまざまな社会的要因がある。そのためにこの第Ⅳ象限のセーフティネットの機能は大幅に低下しており，都市部などで「孤独死」などが発生している。

　この第Ⅳ象限のセーフティネットの弱化を補うために第Ⅲ象限のNPOや協同組合などが大きな役割を果たしている。例えば，高齢化の進む京都市中心部の上京区春日学区のNPO法人「春日住民福祉協議会」は「自治」「福祉」「防災」を掲げて，安心・安全の地域づくりや孤立しがちな高齢者がいつまでも住み続けられるための活動を行なっている。また茨城県ひたちなか市の高齢化した住宅地域では，閉鎖した生協の空き店舗を借りて高齢者たちがNPO法人「くらし協同館なかよし」を設立し，地域の高齢者が必要とする食料品の販売，食事の提供，健康維持や介護予防，交流，助け合いなど総合的な活動を行なっている。これらはほんの一例である。都市でも農山村でも衰退している血縁や地縁などの共同体によるセーフティネットに代わってNPOや協同組合などが元気である。これがセーフティネットの今日の構図である。

▼ どのような国家のあり方，セーフティネットの形を構想するか

　では，危機にあるセーフティネットをどのようなものとして再生・再構築すればよいのであろうか。第2次世界大戦後の日本における国家のあり方とセーフティネットの形を振り返れば，高度成長期における後発的福祉国家の形成，「石油危機」後の「日本型福祉社会」への志向，バブル経済破綻後のアメリカ流市場万能の「小さな政府」志向とその破綻を経て今日へと続いている。この間，セーフティネットもその中心を共同体型のセーフティネットから政府による公的セーフティネットへ，「小さな政府」志向の新自由主義の下での公的セーフティネットの縮小と「市場」による買うセーフティネットへのシフト，そして再び「市場の失敗」によるセーフティネットの張り替えが課題になっている。

　しかし，これからのセーフティネットの再構築には当然，前提となる国家のあり方とそこでの中心となるセーフティネットの形が検討されなければならない。ここでは図5−2のように，政府によって社会保障や公共サービスを担う「大きな政府」（脱商品化）と基本的に「市場」によってセーフティネットが担われる「小さな政府」（商品化），そしてもう一つは保護主義・温情主義的な「パターナリズム」（paternalism）と自己決定や当事者主権の「脱パターナリズム」の2つの対抗軸をたてて，国家のあり方とセーフティネットとの関係性を整理してみることにする。

　第Ⅰ象限の「小さな政府」・「パターナリズム社会」はプレ福祉国家であり，公的なセーフティネットが整備されておらず，もっぱら共同体によるセーフティネットによって労働・生活問題への対応がなされた。第Ⅱ象限の「大きな政府」・「パターナリズム社会」は福祉国家のことである。ここでは政府主導の制度やシステムによる公的セーフティネットが中心に据えられている。この第Ⅰ象限と第Ⅱ象限を「パターナリズム社会」として一括りにするのは両者がともにセーフティネット＝保護の提供と引き替えに自由を束縛したり，介入を正当化する社会であるからである。

図5‐2　国家像とセーフティネット

　第Ⅲ象限の国家のあり方は，福祉国家の否定としての新自由主義国家である。ここでは福祉国家の「大きな政府」による公的セーフティネットに代わって，「市場」によって提供される買うセーフティネットや「小さな政府」が対応できない公共の仕事を担うNPO等による新たな非共同体型セーフティネットが重視される。これに対して第Ⅳ象限は「新福祉国家」ともいうべき国家のあり方である。ここでは「小さな政府」ではなく国家によるナショナル・ミニマムの確保が行なわれる。その意味では，福祉国家の復活であるが，「新」という文字を冠したのは，「脱パターナリズム社会」を志向して，自己決定や当事者主権，NPO等による新たな公共的セーフティネットを重視するからである。

　1980年代以降の日本では，いろいろ曲折をたどりながらすでにみてきたように，第Ⅱ象限の福祉国家（西・北ヨーロッパのそれに比べればずいぶん見劣りのする）から第Ⅲ象限のアメリカ型の新自由主義国家への転換が進められた。そして「市場」を重視し，「小さな政府」を推し進めた新自由主義的な国家のあり方は，この間の「構造改革」と世界同時不況とによってもたらされている未曾有の生活危機の深刻化と生活不安の高まりのなかで転換を迫られている。こうして第Ⅳ象限の「新しい福祉国家」という国のあり方とそこでのセーフティネットの再構築が求められてきているのである。

▼「新しい福祉国家」と多元的・重層的セーフティネットの形成
　「市場」任せの「小さな政府」を志向する新自由主義的な国家のあり方では

なく，再び「新しい福祉国家」の下でセーフティネットを作り直すとしても，「古い」福祉国家の抱えていた難点は解消されるのであろうか。例えば，福祉国家の危機を招いた大量生産・大量消費型の経済社会システムが抱える限界や一国福祉国家の存続可能性，また大規模化したセーフティネットを維持するためのコストと官僚制の弊害などである。これらの旧来の福祉国家に向けられた有効性への疑念のなかには，大量生産・大量消費型の経済社会システムからの転換のようにまだ見通しが立っていないものもある。しかし，この間の新自由主義的な政策の結果から国民生活の安定や安心のためには「市場」に委ねていいことと，逆に政府が規制を強化したり，遂行しなければならないことなども明らかになりつつある。

　「新しい福祉国家」はセーフティネットの再形成との関連で何を最重要事として果たさなければならないのであろうか。それは国民生活の最低限を保障するナショナル・ミニマムを確立することである。セーフティネットとナショナル・ミニマムとの関連についてふれると，もともとセーフティネットという言葉はリスク予防やリスク分散機能に焦点を当てた概念であり，一般にはセーフティネットによって保障される水準の程度については何ら示してはいない。しかし，公的に用意されるセーフティネットは財政負担などの問題もあるのでその保障水準は最低限度になる。そしてその最低限度の水準は当然，憲法の生存権保障の水準である「健康で文化的な」最低限度の生活を上回ることが求められる。しかし，この間，福祉国家の危機論と結びついて，ナショナル・ミニマムを欠く多元的セーフティネット論が隆盛していた。

　新自由主義の立場からは，福祉国家＝「大きな政府」のセーフティネットの水準はナショナル・ミニマムを超えて高くなりすぎているとの批判がだされた。「小さな政府」を実現するには，ナショナル・ミニマムの水準を引き下げて，「市場」での買うセーフティネットと併せて社会領域での共助，そして自助など多元的なセーフティネットでカバーする必要があるとするものである。こうした考え方からすると，国民年金の水準や最低賃金の水準がナショナル・ミニマムとしての生活保護の水準を下回っても問題はなく，多元的なセーフテ

ィネットを組み合わせて生活が維持されればそれでよしとするのである。反対に，福祉国家擁護の側からの多元的セーフティネット論もある。こちらは福祉国家のナショナル・ミニマム保障機能の低下をカバーするため，また画一的な給付や硬直的な官僚主義的運営の弊害の克服のために多元的セーフティネットの必要性が説かれる。

　これらの多元的セーフティネット論は，いずれも「小さな政府」を不可避としたうえでナショナル・ミニマムとしての公的セーフティネットの縮小を推進したり，対応するために多元的セーフティネットの必要性を主張している。しかし，新自由主義の処方箋に基づいて「小さな政府」を追求してきた結果もたらされた国民生活の悲惨な状態からすれば，「国家を中心とする公的福祉提供の必要性」はむしろ高まっており，したがって，「新しい福祉国家」を前提にした，今日の状況下でナショナル・ミニマムの確立を実現する立場からの多元的セーフティネットのあり方を論じる必要がある。

　その場合に，図5-1で示した第1象限の制度化された公的セーフティネットにおけるナショナル・ミニマムの確保・拡充が課題となる。それは憲法25条の生存権保障とかかわっているが，生活保護基準の実質的な切り下げを防ぎ，最低生活を保障できない最低賃金制を改善し，また最低保障年金の確立などナショナル・ミニマムを実質的に確保し，今日の労働や生活の実態にあったものに引き上げることがきわめて重要になっている。この間推進されてきた生活危機を私的・個人的に「解決」する第Ⅱ象限の買うセーフティネットの拡大は，国民の諸階層間での格差を広げ，生活不安をいっそう醸成する。公的セーフティネットによるナショナル・ミニマムの確立によって買うセーフティネットへの過度の誘導に歯止めをかける必要がある。

　福祉国家によって制度化された公的セーフティネットだけでは，まだ生活の安心は確保できない。社会的孤立などを防止するために，第Ⅲ象限と第Ⅳ象限の領域における人によるセーフティネットを再構築する課題がある。第Ⅳ象限におけるインフォーマルな助け合いは，暮らしの個人化，職業の多様化，都市化，高移動社会化，多忙化などによって形成されにくくなっている。とくに現

在の小家族は閉じて外部とつながりにくくなっている。こうした第Ⅳ象限の領域で進む人びとの孤立化を防ぐためには，第Ⅲ象限の領域における NPO や協同組合などによる人を介した支援が重要になる。この領域における活動をもっと強めることで，人的ネットワークによる安心・安全の仕組みを作ることができるのである。

また第Ⅰ象限の公的なセーフティネットと第Ⅲ象限の NPO や協同組合などによる「公共」的なセーフティネットとの関係も変化することになる。この公共を担う社会領域は「小さな政府」が推進される場合には公的セーフティネットの縮小を代替する役割を担わされたが，「新しい福祉国家」の下では新しい関係性が生まれる。すなわち，ナショナル・ミニマム保障を実現する「新しい福祉国家」の下で，地域社会におけるさまざまな市民活動が発展し，公共的なセーフティネットが分厚く形成されると，この活動を通じて形成される人と人を結びつける具体的な連帯によって生み出された信頼が，「新しい福祉国家」における「無機的連帯」としての公的セーフティネットを底から支えることになるのである。

また市民の自発的活動・運動は自治体への参加を広げ，民主的な自治体づくりに結びつく。こうした活動や運動を背景にした民主的な自治体づくりが，「新しい福祉国家」の形成につながり，「新しい福祉国家」による公的セーフティネットとしてのナショナル・ミニマム保障が社会領域でのさまざまな共同の事業や活動・運動に結びつくと，地域社会には強固な社会的セーフティネットができあがることになる。

最後に，これら四つの次元のセーフティネットは重層的に，どれか特定のセーフティネットだけがあればよいというものではなく，バランスよく提供される必要がある。そしてこれらを地域のなかに「重層的生活支援システム」として具体化する必要がある。こうした制度やシステムと人による重層的セーフティ・ネットがそれぞれの地域のなかに構築されることで，社会的な安心がつくられるのである。

参考文献

池上惇・二宮厚美編『人間発達と公共性の経済学』桜井書店，2005 年

真田是『社会保障と社会改革』かもがわ出版，2005 年

相澤與一編『社会保障構造改革』大月書店，2002 年

大山博他編『福祉国家への視座』ミネルヴァ書房，2000 年

齋藤純一編著『福祉国家／社会的連帯の理由』ミネルヴァ書房，2004 年

第6章 公共性と教育

堀　雅晴

はじめに：「新しい日本国民」を考える

　本章では，民主社会における公共をめぐる諸問題のなかでも，とりわけ「教育」にかかわる事柄について考えてみたい。そもそも，教育の本質とは一人ひとりの国民が自らの人生を有意義に過ごしていくために，これまでの人類の成果と到達点を学んでそれを自らの生活に生かしながら，それを次の世代に引き継ぐという営為であると考えられる。ここで成果と到達点とよぶもののなかには歴史や文化とよばれるものから，社会経済的そして政治的な到達点，その他のさまざまな分野の学問成果までもが含まれる。したがって国民の一人である読者は一人ひとりがこの国の主権者として，当然のこととして，それにふさわしい教育を受ける権利を有しているのである（憲法26条）。このようにみてくると，教育には国民主権を実質化するための「個人の自立と連帯」（本書第1章）の条件形成にかかわる，いうなれば「教育の公共性」とよべる重要な意義があるといえる。

　ところがいつの時代でも時の為政者は自らを絶えず正当化するために，自らにとって必要なことは「記憶」させ，逆に困ることは「忘却」させる立場から，教育をあたかも「道具」のごとく取り扱って，「国家の公共性」（＝国家の「安定化」のために，下支えの役割を果たすことが期待される公共性のこと）を常に強調するものである。そこでは国民を，決してこの国の主権者として尊重するのではなくて，逆に国家から命ぜられることを忠実に実行する，あたか

も将棋の「駒」のような存在にしようとしているのである。その典型が戦前の
天皇制政府と「国民」（＝臣民のこと）との関係である。

　天皇制政府は，近代国家建設のために「忠君愛国」「滅私奉公」を掲げて，
「訓導」（その当時の小学校の先生の正式名称）を使って，人びと（子どもた
ち）を「忠良なる臣民」へと教化（「教え導いて善に進ませること」（『広辞
苑』））していったのである。そしてこの「臣民」を無謀な侵略戦争に総動員し
て，数多くの犠牲を強いるとともに，相手方の諸国民に多大の被害を与えてし
まったのである。このことから引き出されなければならない教訓とは，教育が
時の為政者にいったん私物化されてしまうと，その途端に国民は主権者の地位
から引きおろされてしまい，為政者の思うようにされてしまう事態が出現する
ということである。このようなことを述べると，すぐさま返ってきそうな質問
がある。それは今の時代にあっては，果たして再び戦前のような事態が再現さ
れるのかという疑問である。

　もちろんその当時と，そっくりそのままに再現されるとは考えているわけで
はない。そうではなくて，現在，大変に憂慮している事態とは，国民が主権者
の地位から引きおろされかねない事態が，国民主権といわれるこの時代におい
ても容易に出現してしまいかねない，そうした時代状況が整ってきているとい
うことである。そのように考える根拠は，為政者が国民の思想信条にかかわる
「内心の自由」を，この後でみるとおりに「教育」や「追悼」という大義名分
で，白昼堂々と侵害しようと試みている事実があるからにほかならない。

　本章の目的は，もちろん絶対にそうならないために，後で取り上げる事例を
検討するなかで国民主権を実質化するための「教育の公共性」を，どのように
「自立」と「連帯」の両面から内実化していけばいいのかについて考えていき
たいということである。

　さて誰しも今日，教育という言葉を聞けば，青少年の学力低下やニート問
題，さらにはモラル低下問題を，すぐに思い浮かべることになるだろう。また
マスコミにとっても，連日，そうした話題に事欠くことはないようにみえる。
政権担当者をはじめとする為政者も人気の浮揚策として，安倍政権時代の教育

再生会議を例に引くまでもなく，度々，この話題に飛びついてきたのである。その際に特徴的なことは「最近の子どもは……だ」とか，「教師や保護者は……だ」とかといって，目につく原因をいろいろと拾い上げて，それに対してあたかも痛いところに絆創膏でもはるように，手っ取り早くその対策を提示することである。それを聞かされる側でも相手の語り口が断定的であればあるほど，「自信」の表れであると勘違いしてしまい，その主張を簡単に受け取ってしまいがちになる。言い換えると主張する者に確かな裏づけがあるかのように，勝手に思い込んでしまっている。もちろん誰でも自分はしっかりしているつもりでいるし，誰も喜んで騙されるわけではない。したがって自分が，こうした善意に由来する錯覚に，よもや陥っていようとは大抵気が付かないでいるのである。

ところで，こんな絆創膏をはるやり方をしていて，果たしてマスコミが熱心に報道している事件が本当に改善していくものであろうか。まことに残念なことであるけれども，決してそんなことはあるまい。あたかもゲームセンターに置いてある，「モグラ叩き」を見せられているみたいな格好で終始してしまうことになるであろう。

結局のところ，こんな"お手軽な対策"では，いわゆる「問題を抱える生徒」を外側から懲戒的に「矯正」するか，あるいは集団の外部へと「排除」するかぐらいが関の山であろう。なぜ問題自体のなかに分け入って，諸々の因果関係を解明して，どうしたら問題を根っこから掘り起こして，それが何であるかをきちんと突き止めないのであろうか。そうでないと当人にとっては，思い悩んでいる問題とちゃんと向き合えないし，肝心の問題への改善策も自ら進んで考えていけないことになるだろう。

そもそも教育問題の基本は，こうした過程を経るなかでこそ当人の内面に，徐々に自信が蘇り元気になっていくということであろう。教育問題の解決の中心に，この基本がしっかりと据えられる日は，果たしていつの日になるのであろうか。

さてこうした疑問点は，問題が発現している場所を調べるだけでは解けない

ものであろう。そんなことを述べると，矛盾して聞こえるかもしれないけれども，次の疑問，すなわち「時の為政者は本当の解決策を見つけるつもりもあまりないくせに，なぜ教育問題にかくも熱心になれるのであろうか」という疑問とセットにして，その回答を初めて見つけ出すことができるのではないかと思われる。平たく言えば為政者は先で述べた「教育の公共性」について語っているようで，実際のところは「国家の公共性」を一生懸命に語っているのではないか。すなわち国民のための公共性ではなくて，国家それ自体の「安定化」のための公共性であるために，「熱心になれる」のではないかという点に，ここでの問題意識がある。

　以下では，この疑問への回答を求めるための一連の検討作業にとりかかりたい。ここまで書いて，実は筆者が高校生だった頃（1970年前半期）に，このことをすでに一度考えたことがあることに，ふと気がついた。そこでまずは自分史をここに書き留めながら，この問題を考えてみることにしたい。

1. 私の原点：自分が「自分の教師」になること

　まずはじめに，筆者の世代はその前の「政治の季節」の世代と，そのジュニアのバブル世代の間に挟まれている。そして世代の特徴としては上の世代から「シラケ」世代と揶揄されていた。無気力・無感動・無関心（＝三無主義）で特徴づけられた青年像は，確かに，その当時の自分だったと思う。しかし次の「偶然」の条件があったために，田舎の高校生にしてはちょっとだけ「早熟」だったように思う。

　ひとつは小学4年生の冬に，突然，1967年2月11日が日本国の誕生日（「建国記念の日」）だといわれた「事件」があった。2月11日がただの平日から，特別な「祝日」になったからである。本当にびっくりした。その後になってから1968年には「明治100年祭」と「裕仁天皇在位50年式典」が控えていることから，為政者が戦後に中断されている「紀元節（2月11日）」を復活したいという狙いがあることを知ったわけである（歴史教育者協議会『新版　日の

丸・君が代・天皇・神話』地歴社，1990 年）。この「紀元節」とは天皇制政府が自らの正統性を高めるために，1872（明治 5）年に『日本書紀』の伝承上の人物である神武天皇の即位の年を，皇紀元年（西暦では紀元前 660 年に当たるとする。古代ギリシャ時代に相当する）と定め，即位日が 1 月 29 日（翌年には，2 月 11 日に改められた）だとしてつくられた祝日のことである。

　実はこの 2 月 11 日は，たまたま友人の誕生日だった。放課後の誕生日会の予定が急遽，祝日になった関係で午前中に開かれたので，今でもよく覚えている。それに加えて今回の祝日が日本国の誕生日だと教えられたために，心のどこかに違和感とよべるものが沈殿してしまった。そもそも，そんなに大切な日だったら，なぜこれまで「祝日」でなかったのか，そしてなぜその「2 月 11 日」のことが社会の教科書にまったく載っていないのか……。

　ちなみに後日，百科事典を調べて，この時の違和感の理由がはっきりとわかった。それは当時の政府が「○○の日」と曖昧にごまかしながら，歴史的事実を公然と偽造していることへの憤りである。そしてこの日を境にして，自分の内面のなかで，この大人社会を「疑い」の目で観察し始める別の自分が，同じ自分のなかに確実に育ち始めていったように思う。

　もうひとつは大学生の兄が帰省の度に都会から持って帰る，いわゆる「大人の本」を内容がよくわからないままに興味津々で読んでいたことである。そのなかにはいわゆる社会科学の古典（『空想から科学へ』『実践論・矛盾論』）もあったけれども，やはり新聞記者の本多勝一が書いた一連の著作（『極限の民族』〔1967 年〕『殺される側の論理』〔1971 年〕『事実とは何か』〔1971 年〕等）が明解でわかりやすかったので，読書ぎらいだった私にもすらすら読めた。現在でも，これらは文庫版で刊行されているので，一度ぜひ読んでみてほしい。

　さて以上のことにより，ある日，自分自身のなかに後から考えれば「信念」とよべるようなものができあがっていた。それは**「自分を教える教師に，自分自身が責任をもってなろう」**という考え方であり，決意である。要するに，人が教えてくれるものをそのまま信じていては，簡単に騙されることになってしまう。もちろん自分で自分を騙すのであればそれも仕方がないけれども，やは

り他人に騙されるのは悔しさが残ってしまうとの考えに到達したのである。とくに家永三郎『一歴史学者の歩み：教科書裁判に至るまで』（三省堂新書，1967年〔岩波現代文庫，2003年〕）を読んで教科書検定のことを知った。そしてその当時，出版されたばかりの同『検定不合格　日本史』（三一書房，1974年）をさっそく本屋に注文して，教科書と併読することを始めたのであった。なお前述していた私のなかの三無主義も，こうした自分なりの成長過程で退散していき，おかげで無事に「卒業」することができたように思うのである。

2. 現在の私：「新しい日本国民」へと教化する者との対決 ──

　筆者はそれ以来，長年にわたって時の為政者の行なう偽善行為に対して，思想的に対決してきたように思う。そして現在では，ここにあげた次の2つの点に，特段の注意を払っている。

▼ 改正教育基本法・「日の丸・君が代」懲戒処分

　第1の点は，為政者が自分たちの期待する「新しい日本国民」を作ろうとして，一生懸命に教育問題に取り組んでいることである。これについて2006年春の教育基本法の改正問題からみていこうと思う。現在，この焦点は2006年12月に同法の改正が可決された関係で，「教育振興基本計画」（新第17条）の策定内容の問題へと移行している。そこでは「新しい日本国民」を育てる課題として，後述の「海外派兵」の命令に応えて「美しい国」（安倍前首相）である日本国ないしは国家に対して，国民の間で自分の命を躊躇なく捧げられる「新しい日本人」を育てあげるという目標が公的に掲げられることになるであろう。

　この点ではすでに石原慎太郎・東京都知事の下にある都教育委員会は「2003年10月23日通達」を出して，都の教育界を大きな混乱と恐怖に陥れている（『「日の丸・君が代」処分』高文研，2004年に詳しい）。その通達で「思想・良心の自由」（憲法19条）を踏みにじり，「教育への不当支配」（教育基本法10条

〔当時〕）と考えられる，「教職員は，会場の指定された席で国旗に向かって起立し，国歌を斉唱する」（「実施指針」，傍点は引用者）ことが職務命令として命ぜられたからである。そしてこの通達を出した横山洋吉・教育長からは「教職員が本通達に基づく校長の職務命令に従わない場合は，服務上の責任を問われること」（同通達，傍点は引用者）になると処分がちらつかされたからである。実際にこれまでに延べ346名もの教職員に，懲戒処分が行われているという（「朝日新聞」2007年3月15日）。ちなみに2006年9月21日にあった東京地裁（難波孝一裁判長）の判決では教職員に起立・斉唱が義務づけられていないとして，「原告全員に1人3万円の慰謝料を支払うよう都に命じた」と報じられている（『週刊アエラ』2006年10月9日）。

▼ いつ浮上してもいい「新国立追悼施設」問題

　第2の点は靖国神社に代わる，新しい国立の追悼施設の建設問題である。実はこの問題は古くて新しい問題である。為政者はすでに靖国神社国家護持法案の国会提案を1969～1973年にわたって5回も執拗に行なっており，国民的な反対運動の前に挫折したことがあった。ところが2001年春には小泉純一郎が「自民党をぶっ潰す」といって国民を喜ばせ，そして靖国神社への公式参拝を「8月15日に必ず行く」と公言して同党総裁選挙に勝利し，続いて総理大臣の席に着いたことから，にわかにクローズアップされることになる。もしもこの公式参拝が実現していれば，中曽根首相が1985年に戦後初の首相としてその日に公式参拝してから，16年ぶりの出来事となる。

　実際には小泉首相は国際的な批判のなかで当然のことながら，その日には実行できず，8月13日に公式参拝することになった。彼はその際に，東京招魂社以来の靖国の歴史のなかで祭神（英霊）とされた東條らのA級戦犯（「昭和殉難者」と靖国神社ではよぶ）や侵略戦争に従軍した戦没者に対して「深い反省とともに，謹んで哀悼の意を捧げたい」（「談話」）と述べた。あわせて「今後の問題として，靖国神社や千鳥が淵戦没者墓苑に対する国民の思いを尊重しつつも，内外の人びとがわだかまり〔「心のなかでつかえている不満・不信な

どの感情」（『広辞苑』）〕なく追悼の誠を捧げるにはどのようにすればよいか，議論をする必要がある」（同，傍点は引用者）として，今後の取り組みも示唆したのである。

　これを受けて同年 12 月に，「追悼・平和祈念のための記念碑等施設の在り方を考える懇談会」（福田康夫官房長官〔前首相〕の私的諮問機関，座長・今井敬新日鉄会長，以下「福田懇」とよぶ）が設けられた。福田懇は 1 年後の 2002 年 12 月に報告書をまとめた。そこでは，「21 世紀を迎えた今日，国を挙げて追悼・平和祈念を行なうための国立の無宗教の恒久的施設が必要であると考えるに至った」（「第 1　はじめに」）としながらも，靖国問題で根回しができずに与党内で一定の勢力を擁する靖国護持派からの反対の声の高まりのなかで「施設の種類，名称，設置場所等の検討項目については，実際に施設をつくる場合にその詳細を検討すべき事柄であることから意見を取りまとめるのは時期尚早である」（同）という，当初より後退した見解を明らかにした。肝心の小泉首相自身はこの報告書に少しも関心を示そうとせず，早くも来年の「敗戦」記念日での靖国参拝を公言したことから，この問題は現在も「棚上げ」状態のままになっている。

　ところが 2007 年春に憲法改正のための国民投票法案が可決された。これによって 2010 年秋には改憲のための「国会での改正発議」の可決が，にわかに現実味を帯びてきている。そこでは自民党がすでに用意している「改正草案」（2005 年 11 月の結党 50 周年を迎えた党大会で決定），すなわち現行憲法の第 9 条第 2 項（「戦力と交戦権の否認」）を削除し，代わって新第 2 項として「自衛軍の創設と『海外派兵』の容認」を新設することについての賛否が問われることになるであろう。これとあわせて為政者としては国民の間で自分たちが発する「海外派兵」の命令で，「殉職」（「職責を全うするために生命を失うこと」（『広辞苑』））をしてしまう国民に是非とももってほしいと願う，「自らの死を意味あるものにし，自らの生を永遠のものにしようとする意思」（安倍晋三『美しい国へ』文春新書，2006 年，p.107）に対して，目にみえる形で応えるために，国家としてそうした行為に対して大々的に「顕彰」（「功績などを世間に知らせ，

表彰すること」同）するという重要な課題を片時も忘れてはいない。

　したがって現状では，為政者は「新国立追悼施設建設」問題について，いつでも国会への法案提出の準備はできており，チャンスを見計らって国民世論の操作に向けて一気に乗り出してくることであろう。すでに先の「福田懇」の活動を各界から支えるために，2002年6月には「第1回新しい国立墓苑をつくる会準備会」が開催されていた。仏教界のトップ（浄土真宗本願寺派（西本願寺）議長で全日本仏教会〔＝102ある宗派の9割以上の寺院がここに加盟している巨大組織〕理事長）の石上智康も出席していたことは，その点をよく示すものであろう。

3. 国家に育てられ，そして命を捧げる「新しい日本国民」─

　ここからは公共性問題として，改正教育基本法問題と福田懇報告書をめぐる論点を検討しながら，冒頭での問題意識であるところの，時の為政者が自らに都合のいい「新しい国民」を改めて育て上げようとしているのではないか，という点をじっくりと考えてみることにしたい。

▼ 改憲案と「公共」の登場

　この問題を検討する原点として，与党（自民党）の「改憲案」作成の考え方からみておきたい。その点は「憲法改正のポイント」（http://www.jimin.jp/jimin/jimin/2004_seisaku/kenpou/index.html）をみればよくわかる。そのなかの第4項目には，「『公共』とは，お互いを尊重しあうなかまのこと」の柱立てがなされている。原文を実際に読んでもらうこととして，ここではその論理を抽出しておくだけに留めておこう。

　自民党改憲草案の考える「公共」とは，一方で「人間＝社会的な存在」⇔「他人への配慮や思いやり」の相互関係（以下，Aとよぶ），および「社会に対する積極的な貢献」（以下，Bとよぶ）を設定したうえで，Aに対してBを「起点・尊重〔＝優位〕」するべきだとするセット論の主張を行なう。他方でこ

れまでの人権論を批判する。その批判の要は前述と逆で，ＡのＢに対する起点・尊重論であって，このような従来型人権論がまったくの「独りよがり」の「人権主張」だとして，全面的に否定する。ただしそこでは憲法が「基本的人権を『侵すことのできない永久の権利』として保障して」いると述べることはちゃんと怠らない姿勢を文言上では示すけれども，実は「公共」の名目で「人権」に制約を課す議論を行なう。考えてみると，それだけであると従来からあった「公共の福祉」を口実にした人権制約論の蒸し返しである。そこで新鮮味を出すために考えられた「工夫」として，今回の議論では次に述べる「公共」論で補強することになるのである。

　この「公共」は同改憲草案では，次のように描かれている。まず「個人」からはじまり，次に「家庭」があり，それを「地域社会」が包み，最終的に「国家」によって抱えられているとされる。そしてその「国家」はそれを単位とする国際社会を構成している。ここで強調されていることは，「国家」を「自立し，互いに他を尊重し合う個人のネットワークである『公共』の一番大きな形態」であると定義する点である。

　ちなみに大学の教科書では，この国家の位置に「国民社会」を置いている。しかしこの改憲草案では，国民社会の存在をまったく認めないのである。同草案は国民がこの国民社会に依拠しながら国家という権力機構に対決しないようにと考えているらしく，この国家に個人から家族や地域社会までを総括させる役割を担わせているのである。そして草案では国家という「公共」の尊重という大目標に向かって「個人」を育て上げることを，最高法規である憲法の基本的な規範にしようとする考え方（「国家＝公共」論）を示すのである。

▼ 改正教育基本法の論点

　ここでは成立した教育基本法の改正法案について，文脈に関係しそうな論点を３点ばかり指摘したい。まず第１に指摘したいことは「前文」の第１パラグラフにおいて，これまで宣言され続けていた「この〔憲法の〕理想の実現は，根本において教育の力にまつ」とする教育の本質論を退けたことである。そう

なると例えば憲法の「前文」で謳う「平和を愛する諸国民の公正と信義に信頼して，われらの安全と生存を保持しようと決意」（傍点，引用者，以下同様）する国民＝主権者を，これからは育てていかないことになるのではないかと思われる。またそのことと連動して，次のパラグラフにあった「真理と平和を希求する人間」のなかの「平和」が邪魔になり，「正義」に置き換えたように考えられる。以上のような修正を行なうことによって，「正義」を掲げた武力行使による戦争を可能にしようとしているのではないかと読めてくるのである。なおこの改正案は，先の自民党改憲草案とも親和的（非排除的）な関係にあるものといえる。

　第2に教育の目的（第1条）では与党（自民・公明）内部で3年以上にわたって議論されたと伝えられる，「伝統と文化を尊重し」「我が国と郷土を愛（し）」「他国を尊重し」「国際社会の平和と発展に寄与する」，そうした「態度を養う」（傍点，引用者）ことになった。この点は国会審議（衆院教育基本法特別委員会 2006 年 5 月 24 日）で，日本共産党の志位和夫委員長から小泉純一郎内閣総理大臣への質問で，その問題性が顕在化することになった。

【志位委員長】2002 年度に福岡市内の小学校で使われた「通知表」のなかの社会科の評価項目，「我が国の歴史や伝統を大切にし国を愛する心情をもつとともに，平和を願う世の中の日本人としての自覚をもとうとする」では，生徒を A は十分に満足できる，B はおおむね満足できる，C は努力を要するという三段階で評価していた。しかし市民の強い批判で翌年からすべての学校で取りやめになった。そこで「総理に伺いたい。子供たちの国を愛する心情を通知表で評価するというのは，私はやってはならない間違ったことだと思いますが，総理は，お考え，端的にお話しください」と質問した。

【小泉総理】「通信簿なんというのは五十年ぶりにしか見たことないんだけれども（中略）これが小学校。（志位委員「六年生です」とよぶ）ちょっと難し過ぎますね。教師を評価するのとは違って，これではなかなか子供を評価

するのは難しいと思いますね，率直に言って」と答弁した。

　ちなみにこの小泉発言の影響で，愛国心の評価をすでに加えていた通信簿を使っていた各地の自治体で，実施を取りやめる動きとなった（新聞報道例：その当時，実施校は埼玉県で 52 校に上り，岩手・茨城・愛知などでも行われているという）。また 75 歳の婦人は 12 歳当時の自分が体験した高等女学校 1 年の「修身」の試験問題での出来事を新聞に投書し，「愛国心」教育への危惧を表明した。

　それによると彼女は，「聖戦下の日本婦人の生き方について書け」との問いに対して，その頃，よく「産めよ育てよ国の為」という標語を耳にしていたことから，「お国のために喜んで命を捧（ささ）げる男の子をたくさん産み育てます」と書いたという。そうすると 5 段階評価の一番上の「秀」をもらって，びっくりしたことを今でもよく覚えているという。そして文章の最後を，「『お国』の向かう方向によって愛国心は変わる。私のような解答を書く子どもを二度とつくらないで欲しい」（『朝日新聞』2006 年 6 月 4 日）と結んでいる。

　さて，最後の論点は「教育は，不当な支配に服することなく，国民全体に対し直接に責任を負つて行われるべきものである」（第 10 条）が，「教育は，不当な支配に服することなく，<u>この法律及び他の法律の定めるところにより行われるべきものであ</u>」（新第 16 条，下線部は引用者）るとされた点である。同条は本来，戦前の為政者の教育内容と教育行政への介入への反省から教育内容と教育行政を分離し，教育行政を「必要な諸条件の整備確立」（第 10 条 2 項）に限定して，教育内容への支配を禁止していたものであった（『別冊法学セミナー基本法コンメンタール』日本評論社，1992 年，今橋盛勝担当，pp. 61-62）。しかし今回の改正で為政者が教育内容と教育行政の分離をやめて，前者を後者の下に置くことができるように法的に明文化したことで，「国民の教育権」か「国家の教育権」かという半世紀にわたる争いに，ついに決着をつけたということが一応いえるのではないだろうか。もちろん判例的にみると，すでに「国家の教育権」を容認する「学力テスト最高裁判決（1976 年 5 月 21 日）」があることに注

意がいる（同 p. 63）。ただし，たとえそうだとしても同判決の述べるとおり，党派的意図による国家介入や子どもの成長を妨げる国家介入までも容認するものではないと考えるべきことはいうまでもないところである。

▼ 公共性は「万能薬」か

　これまで述べてきた教育基本法の改正問題とは，誤解を恐れずにいえば，半世紀以上も前に教育基本法が全面的に否定した教育勅語（コラム参照）を実質的に復活させること（＝「滅私奉公」政策の推進の動き）を意味している。そうであれば，教育勅語がその役割を，「義勇を公に奉げる」ことができる「国民」づくりにおいていたことを考えれば，当然のこと，今回の改正で育てられる「新しい日本国民」に対しても，自らを育ててくれた日本国に命を捧げることを名誉なこととして「教育」されることになろう。したがって為政者は，こうした「新しい日本国民」のために，改めてその是非を含めて，どのように「追悼」するのかが問われてくる。

　ところで，先に触れてある福田懇報告書に対して，これまで靖国神社国家護持や首相参拝に反対してきた人たちの間で，意見の相違が明らかとなっている。代表的な論者は稲垣久和（東京基督教大学教授）と高橋哲哉（東京大学教授）である。そこにはいくつもの論点があるけれども，ここで論じている「公共性」もそのひとつである。

　さてここでは稲垣の持ち出す「公共性」の議論と，それに対する高橋の批判を簡単に紹介して，抽象的な用語を実際的なレベルで具体的な事象にまで下降させるという，吟味の仕方で検討することの重要性について述べておきたい。

　稲垣はまず公共性の内容を「（国立追悼施設のような）公共の場で宗教的信仰が多元的に共存し，実践されること」（「公共性から新追悼施設を考える」菅原伸郎編著『戦争と追悼：靖国問題への提言』八朔社，2003 年，p. 170）と考えており，こうした公共性が「多元的な領域主権の分散した市民のボトムアップ（下から上へ）の『福祉増進の機構』（福祉装置）」（p. 190）という国家観によって確保される構成を考えている。

　これに対する高橋の批判は，前者については「追悼や哀悼が個人を超えて集団的になっていけばいくほど，それが『政治性』を帯びてくるのは避けられないという事実」（『靖国問題』ちくま新書，2005 年，p. 210）を指摘し，稲垣のいう「公共性」にもその「政治性」を指摘する。また後者についても「現代国家がどれほど『福祉装置』としての役割を強めたとしても，『権力装置』としての役割がなくなってしまうわけでもなければ，単純に弱くなってしまうわけでもない」（同 p. 217）との認識を示して，「『権力装置』から『福祉装置』への『発想の転換』」（同）をそもそも許すものではないとの判断を下している。要するに彼は，日本において「公共性」の確保を口実にして，国家という「権力装置」を野放しにする文脈づくりに対して，警戒感を表わしているといえよう。

　いずれにせよ公共性を論じる際には，それが論じられる文脈をきちんと吟味しなければならない。そして公共性が決して「万能薬」ではなくて，「公共」という名目で「毒薬」にもなることにも注意を払わなければならない。

4.　私の出会った「新しい日本国民」

▼ 講義における学生について

　筆者は最近，「公共性論」という科目を教える機会があった。学生の前では，実際にこれまで述べてきた内容を語っている。それに対する学生からの感想は実にいろいろである。そのなかで教員にとってありがたいタイプとは，こちらの提供する「資料」をしっかりと読んで検討してくれたり，学生自身がこれまでの自分とよく「対話」しながら考えてくれたりする，学生のそれ（通常型）である。講義の論評（コメントのこと：「非難」と峻別される「批判」を含む）と意見（オピニオンのこと：「反論」も含む）を書いてもらうと，充実した内容を書いてくるので，教員にはそうしたことがすぐにわかる。この場合に教員の役目は，そうした学生をさらに伸ばすことにあると思われるけれども，すでに自分でちゃんと自分を育てているので，こちらがことさら心配する必要もな

いであろう。またこういう学生は，ポイントをついた質問をしてくれるので，それに答えておけば大体のところ，こちらの役目は果たせているように思われる。したがって通常型については，これ以上に述べることはないと思われる。

　さて教員の力量がもっとも問われてくるのは，それから外れるタイプの学生である。そのなかでも，次に取り上げるタイプが典型的ではないかと思う。こうした学生に対しては，いつも細心の注意を払いつつ，必要なやり取りを行っている。なぜならばこのような傾向は学生のみに特有の傾向ではなくて，筆者も含めて誰にでも普通にあることなので，ついつい油断して不用意な発言になりそうになってしまうことがある。したがって結果として相手が主観的であっても，傷つけてしまわないようにしなければいけないと常に心がけている。

　さてこれからいくつかのパターンを説明することになるけれども，ここでもそうした心がけを厳守するために，その目的がどこにあるのかをあらかじめはっきりとさせておきたい。要するに筆者は，ここで各自の思考パターンを客観化する機会を提供したいと考えている（それ以外の意図は一切ない）。もしも該当するかもしれない読者がいれば，その人にはそうしたことを自覚してもらって，改善への道に進んでもらう良い機会にしてほしいと願っている。

　事実，学生のなかには，自分の思考パターンを知らない者が少なからずいる。そうした学生は教員とのコミュニケーションがきちんと確立できずに，感情ばかりが先走ってしまう。結局のところ，思考活動が空回りしがちになるのを見て知っている。もちろん時間をいっぱいかけて，自分の思考活動を鍛えていってほしい。その際に自分が納得できるまで，周りと比べて焦ってしまう必要は決してない。翻って考えれば，青年期という時期はアイデンティティの確立過程にも当っており，大変に厄介な時期である。ちなみにそのことは前述の自分史のところでは明示的には述べていないけれども，筆者自身も十分過ぎるほどわかっているつもりである。

　具体的に指摘すると，通常型とは別に次のようなタイプをあげることができる。まず教員の説明を機械的になぞるタイプ（機械的反射型）であり，次に授業を全面的に受け入れることができないタイプ（全面拒否型）であり，さらに

167

内容が偏向しているとして教員を激しく非難するタイプ（非難型）であり，最後に提示されている対立見解について和解案ないしは仲裁案を考えてくるタイプ（仲裁型）がある。以下では，それぞれのタイプの典型的な学生の感想文（ただし加工を施している）を紹介しつつ，解説を加えてみることにしたい。

▼ 機械的反射型

> 　小泉首相の答弁は野党の質問を上手にかわしているだけだ。私も思想の自由の尊重を考えると，国旗国歌への態度についても敬意を表するかどうかや歌うかどうかは自由で当然である。しかし小さい時から君が代を歌っているので，歌う時には歌っている。普段，新聞を読んだりテレビを見たりするとき，すべてを信じてしまっていた。靖国神社のことがなぜ大きく取り上げられるのかがわからなかったが，今回見たビデオでスッキリした。

　〔解説〕このタイプはものごとを評価する際の尺度（価値規範や民主的手続き）を明確にするという，大切な思索をしていないのではないかと思われる（その意味で機械的）。そしてまったく安易に，新聞やテレビのマスコミの報道姿勢や有名人の話から「世論の動向」を感じ取って，それにはっきりと同調する方法で自分の意見を作り上げてくる。もちろん教員としては学生がよく理解してくれていればそれでいいわけであるけれども，素直に安心できないのは，こうした理由があるからである。
　ちなみにこうした現象の背景には，ひとつには学生がテストでの成績を極端に気にしなければならない事情がありそうである。たぶん学生の成績評価をGPA（Grade Point Average）で表していることが関係しているであろう。その数値が実際に奨学金の受給決定や学内表彰制度の客観データに活用されていることから，少しでも数字を良くしたいと誰しも思うところである。いまひとつには高校までの先生たちのなかの少なくない者が，こうした「機械的反射」をまったく問題にしなかったことに直接に関係しているのであろう。「学生と教員」の関係にある大学の授業では，自ら納得する回答を探す努力をしなけれ

ばならないことをまったく知らずに，相変わらず検定済み教科書の世界での「いい生徒といい教員」の関係を引きずっているのではないかと外観から推測している。

▼ 全面否定型

> 通知表に愛国心の項目が入っていることを知ったが，それをたとえそうしたところで，愛国心が身につくわけでもない。なぜそのようなことをするのか。まったく意味もないことだ。

〔解説〕このように，はっきりと否定する意見を書いてくる学生がいつも結構いる。よく読むとここに書かれている内容は，自分自身に関する言及に限られるという特徴がある。またいかなる理由からそのような断定が下せるのか，という点も明らかにして述べてくれるわけでもない。

もう一人前の大人になっているので，このようなことを書いてくるのであろう。そしてもちろんその内容でいいかもしれないので，論評が不要なのかもしれない……。

ちょっと待てよ，改正推進者らにも，そんなことがわからないはずはない。ここで，ちょっと想像力を働かせる必要があるだろう。戦前の教師用の教科解説書（『小学全科神社教材の解説と研究』1938年）の記述に注目してほしい。「信仰生活は，これを幼少なる時に訓練することが効果が多い。何故に敬拝しなければならないかと理由の理解ができなくとも，敬拝についての形式的な訓練は為さなければならない」（歴史教育者協議会『日の丸・君が代50問50答』大月書店，1999年，pp.18-19からの孫引）と述べて，いわゆる「身体の反復動作」による思想注入にその狙いがあることがはっきりと書かれてある。

ちなみにこんなことを書いてくる学生に，自分が「君が代」をすらすらと歌えるということにまったく人為性を感じないのかと尋ねたところ，そうとは感じていないのが通例のことである。そこでそんな人に，いつも自分の通う大学の校歌を歌ってみてほしいとお願いしてみることにしている。大抵は歌えない

ので，それをキッカケにしてなぜ「君が代」については歌えるのかを，きちんと考えてもらうことにしている。

　あわせて知っていてほしいことは，筆者が大学の教壇に立ち始めた1990年代前半期においても「君が代」をまだ歌ったことがなく，まったく知らない学生が特定の出身県でいたことである。沖縄をはじめ広島・大阪・京都である（歴史教育者協議会，前掲書，1990年，第5章）。もちろんそれが1999年の国旗国歌法の制定でなくなったことはいうまでもない。ここではそのことよりも同法の制定を待たずに，その他の府県では「君が代」が歌えるように教育されていた事実（1958年以来の学習指導要領の官報公示による強制の結果である）を知ることが大切であろう（同，第1章）。

▼ 非難型

> （A）授業（講義）は本来，中立性が必要にもかかわらず，左翼色が強すぎる。

　〔当人の常識を質す〕こういう学生には，いつも「中立性」の定義から尋ねることにしている。そうすると，「いずれにもかたよらずに中立の立場をとること」「いずれにも味方せず，いずれにも敵対しないこと」（『広辞苑』）とだいたいは答えてくれる。しかし同様に「授業」について尋ねると「学問・技芸などを教え授けること」（同），また大学における「講義」については「教授者がその学問研究の一端を講ずる」（同）こととの答えはなかなか返ってこない。とくに授けられる事柄が「学問」であるとの認識が，そうした学生にはまったく乏しい。ちなみに「学問」とは『広辞苑』によると，「一定の理論に基づいて体系化された知識と方法」であり，いくつかのなかから選択された「一定の理論」に偏っているものであることがわかる。したがって問題にしなければならないことは，「一定の理論」に基づくこと自体にあるのではなくて，それに合理性や論理性・正当性・妥当性等があるかどうかをしっかりと検討することであろう。要するに，問題の指適箇所が，ちょっと間違っているといいたいの

である。

　ここでいつも身近な例をあげながら，もっと「頭」を働かしてもらっている。その例とは新聞やテレビ・ラジオの放送のあり方がどうなっているのかである。こういう学生は，しばしば，これらについても「中立性」が必要だと，当たり前のようにいうからである。それでは実際に「中立性」の規範が要請されているかどうかを調べてみよう。

　前者には戦前の民主主義のない時代には，確かに言論を取り締まる新聞紙条例（1875年）等があった。しかし戦後は言論弾圧につながる恐れがあるので，そもそも法律が設けられていない。あるのは各団体ごとの自主的なガイドラインである。例えば新聞社の加盟する新聞協会の「新聞倫理綱領」（2000年制定）では，「報道は正確かつ公正でなければならず，記者個人の立場や信条に左右されてはならない」としている。また「報道を誤ったときはすみやかに訂正し，正当な理由もなく相手の名誉を傷つけたと判断したときは，反論の機会を提供する」ことなどが定められている。日本新聞労働組合連合でも「新聞人の良心宣言」（1997年）を行っている。そこには「基本的姿勢」として，次の4点が掲げられている。いずれにしても「中立性」の規定は見当たらない。

---

(1) 市民生活に必要な情報は積極的に提供する。
(2) 社会的弱者・少数者の意見を尊重し，市民に対して常に開かれた姿勢を堅持する。
(3) 十分な裏付けのない情報を真実であるかのように報道しない。
(4) 言論・報道の自由を守るためにあらゆる努力をするとともに，多様な価値観を尊重し，記事の相互批判も行う。

　後者についていえば，限られた利用可能な電波帯を利用していた頃に制定された放送法（1950年）がある。そこには放送内容にかかわっての4原則があるけれども，「中立性」の規定はないのである。

> 第三条の二　放送事業者は，国内放送の放送番組の編集に当たつては，次
> 　　　　　　の各号の定めるところによらなければならない。
> 一　公安及び善良な風俗を害しないこと。
> 二　政治的に公平であること。
> 三　報道は事実をまげないですること。
> 四　意見が対立している問題については，できるだけ多くの角度から論点
> 　　を明らかにすること。

　あるのは公平性（「かたよらず，えこひいきのないこと」（『広辞苑』））の要請である。具体的には「事実をまげ」ずに，「できるだけ多くの角度から論点を明らかにする」ことまでが法的に要請されているけれども，その後の判断等についてまでは視聴者側の責任になっている。したがってどこが事実を曲げており，どのような内容の偏向教育が学生の合理的な認識と判断を具体的に妨げているのかを，きちんと問題にしなければいけない。要するに「中立性」をただ振りかざしただけでは，生産的な議論が何も進まないことを知ってほしいのである。

> （B）中国や韓国が小泉首相の靖国参拝を中止しろと圧力をかけているのは，
> 　内政干渉である。参拝を続けるか，中止するかは，国内の議論に待つべき
> 　である。

　〔当人の常識を質す〕こうした議論には，その前提として明らかにしておかなければならない，用語の定義がなされていないことが特徴である。この場合には「内政干渉」の定義であり，そして首相の参拝問題とはいかなる性格の問題かである。前述してあるのでここでは繰り返さないけれども，すでにおわかりのとおり，靖国問題の扱い方は戦後政治の出発点であるポツダム宣言や極東裁判・サンフランシスコ講和条約の遵守問題に直接関連する事柄である。したがって参拝問題を靖国問題と意図的に区別しているのかどうかはわからないけれども，参拝問題を内政問題だと強弁する根拠はどこにもない。こうした内政

干渉論は実は小泉首相の「受け売り」であって，同時に国内での批判の声を無視する効果もそこには込められており，相当に悪質なものである。

　〔解説〕このタイプは，いつの時代にも必ずいる。これまでのタイプと異なって，ものごとを評価する際の尺度（価値観）をすでに獲得しているようである。私が教室で出会ってきた尺度の多くは右翼の立場か左翼のそれかで判断するという，いわゆる伝統的な「左右のイデオロギー軸」という共通性がある。ただし今日的な特徴をいえば，講義の軸足が右か左かという点だけを指摘するに止まっている。以前にはあった右なり左なりが，なぜ誤りなのかを展開するほどの内容ではない。もうひとつの特徴はネット掲示板での「やりあい」の影響がマイナスに反映していると思われる，特定のイッシュー（個別争点）での妄信ぶりを振り回す者がわずかながらいることである。いずれにしても，このタイプの特徴でもある「視野狭窄」で「思考停止」の状態から一刻も早く抜け出してもらうために，是非とも「丸山真男の複合的思考」を学んでほしいと考えている。そこで笹倉秀夫『丸山真男の思想世界』（みすず書房，2003 年，p. 469）を勧めている。その際に苅谷剛彦『知的複眼思考法』（講談社文庫，2002 年）と読み比べるならば，その内容の豊富さが十分に浮かび上がってくるはずである。

▼ 仲裁型

（A）〔国会のウエッブにアップされてある『衆議院教育基本特別委員会速記録（2006 年 5 月 24・26 日）』を読んでもらった感想として，ある学生はこう書いてくれた。〕小泉さんの発言や志位さん・保坂さんの発言は，一人ひとりの考え方としてしっかりしていてもっともだと思った。でも話し合いをしていても，まとまるものではないことはわかっている。何か事件が起こったからといって，教育基本法まで変える必要があるのか。それよりも家庭教育をしっかりする方が大事である。

〔当人の常識を質す〕国会では何のために話し合っているかがわかっているのか。このことを最初に，なぜ尋ねるのかといえば，話し合いがそれ自体として目的ならば，この学生のいうとおりに「まとまらない」けれども，真偽を明らかにする「手段」として，その話し合いを機能させる意思を当事者たちが少しでももちさえすれば，別に多数決の採決方法を用いなくても，確実に誰かの意見に落ち着くことが予想できると考えられる（誰の意見でもダメな場合もあるかもしれないけれども）。

ここで留意しておくべきことがある。それは，まず実際の国会での審議は議論内容の真偽が，その真理性に裏付けられた上での判定ではないことである。つまり賛成者の数量の差によって判断されている。次に議員に任期があって選挙が定期的に実施されている理由をみれば，その時々の多数者の地位が変動する可能性を，選挙制度として当然の前提にしていることである。また賛成者の数量の判断においても衆議院では「最大4年」であり，その間にいつでも解散・総選挙によって国民の代表者としての有効性が問題にされる。参議院であれば「3年ごと」に構成員の半分が定期的に交代し，その都度代表者の有効性が吟味されている。

> （B）野党がいうとおり愛国心を法律に盛り込むことで問題が発生するという指摘にも，小泉首相のいう「基本的なことを法律に盛り込む」という説明にも納得できるので，どちらが正しいかが判断できない。違憲かどうかと聞かれれば，そうである気がする。しかし率直に言って，法律に愛国心を書くことで，教育現場に何らかの強制力が働くとは考えにくい。

〔当人の常識を質す〕こういうところに「率直に」と書いてあったら，ほぼそこには当人の「信条告白」が書かれてある。したがってこういう場合には判断の根拠や理由が明らかにされることはほとんどなくて，一刀両断に「教育現場に何らかの強制力が働くとは考えにくい」との断言がされることになる。こうした学生には例えば国旗国歌法（1999年）がない時代に，なぜ法律でもない学習指導要領（1958年以降，官報公示）によって日の丸・君が代が国旗・国歌

として強制されたのか，その歴史を学んでほしいと思うわけである。

　〔解説〕このタイプは自称良識派を気取っている。なぜならば社会問題や政治問題のような利害関係が顕わになるような対立場面に出くわすと，ものごとを評価する際の尺度に喧嘩両成敗といった社会を生き抜く昔からの知恵を無意識に持ち出してきて，「万能薬」代わりに使うからである。こういう学生はよくいえば物分りが良く，悪くいえば優柔不断であると特徴づけることもできる。このタイプには少なからず秀才タイプもいて，教員にはまことに厄介な存在である。こうした秀才君は自らの思想形成に果たす学問の価値には，まったく無頓着であるように思われる。そしていわゆる資格等の試験勉強の科目にしか関心が向かわないみたいである。ちなみに2006年に発覚した高校社会科の未履修問題のなかで，難関大学への進学者競争に血道をあげる一部の「教育者」の不真面目な姿勢が明らかになったわけであるけれども，そうした者たちの教えを真面目に聞くのがこのタイプの学生かもしれないと，うがって考えてみたりしている。

　ところでこれ以外にも，教員泣かせのタイプの学生がいる。それは何かと授業にケチをつけ，不満を言うだけ言って，自分の方からは何も理解するための努力を一切しないタイプの学生である。"極楽トンボ"型とよんでもいいだろう。ただし極楽トンボという言葉自体は「うわついたのんき物〔者〕をののしっていう語」（『広辞苑』）ということから，使い方には慎重さが要る。こちらが何を言っても当人にはまったく通じない，このタイプの学生に対して，こちらの気持ちをきちんと知ってもらうためには，今は，この言葉しか思い浮かんでこないことが，本当に残念である。
　具体的にその状況を述べればこうである。このタイプは授業の中身に一切触れずに，「授業は教員の自己満足の場ではない」「ひとりよがりの授業はやめてほしい」「こちらに何も伝わってこない」といいたい放題に書いてよこすのである。そして挙句の果てには，「まったくわからない」と止めを刺しにくるの

である。

　このような学生一人ひとりに，授業のどこが「ひとりよがり」で「自己満足」な部分なのかを具体的に指摘するように尋ねている。また堂々と「まったくわからない」と書いてくる学生には，どこまでならわかるのかをはっきりさせるように注意をしている。いずれにしても，こうしたやり取りを深めるなかで，この学生が自らの思考パターンを客観化し始めることを期待し，また自らの思想形成を今後の人生の課題に掲げるようにいつも願っている。

おわりに

　現在の日本政府は，「国民のための公共性」ではなくて，国家それ自体の「安定化」のために「国家の公共性」を一生懸命に語り始めていることを，これまでのところで説明してきた。時の為政者はこの「国家の公共性」の名で，国民から主権者の地位を実質的に奪おうと画策している。その手始めに次代を担う青年世代に対して，「自国のことのみに専念する」（「憲法前文」）偏狭な「愛国心」を持った「新しい日本国民」づくりを行っていこうとしている。またその行く先として彼（女）らに，自らの命を進んで捧げさせる思想的で情緒的な素地をつくっているようにみえる。

　絶対にそういうことがあってはならない。そのためには，何をさて置いても民主主義の発展のために「不断の努力」を行なう必要性についての認識ぐらいは，是非とももっていてほしいと思う。しかしそうはいうけれども，実はこうした認識をもつことぐらい難しい課題は，他にないように思われる。

　したがって本章ではそうした判断が背景にあるからこそ，講義で出会った「若い世代」の一部に存在する思考パターンの紹介に，相当の紙幅を充てていたのである。この部分が若い読者に，どのように読まれるかが大変気になる。しかしそれを恐れていては，何も前進しない。次代を担う若い世代の「自立」と「連帯」に必要な政治的教養を，いかに育めばいいのかという課題認識をもっている者としては，この難問に正面から挑戦しなければならない。最後

に，ここで使った思考パターンの分析方法を記憶に残るようにするために，**「国語・論理・知識と知恵」活用型メソッド**と名づけておこう。親の世代として，今後とも，こうした問題意識に基づく研究課題について，考え続けていきたいと思っている。

〈コラム　教育勅語〉

　教育勅語は，軍人勅諭（1882年）のやり方を踏襲して，1890（明治23）年10月30日（11月3日の天長節〔1868年制定の天皇誕生の祝日〕）に明治天皇によって「下賜（かし）」（身分の高い人が下の者に物を与える）された，臣民を教化するための内容を明らかにした文書のことである。この文書は翌年に制定の「小学校祝日大祭日儀式規定」のなかで，御真影〔天皇・皇后の写真〕への最敬礼，天皇陛下への万歳，教育勅語の校長による天皇への奉読，「君が代」斉唱という新しい国家的儀礼の創設のなかに位置づけられて，当時の子どもたちから順々に教化されていった。

　ところでこの難解な文書のなかで，今でも評価したい者はそこに「尊重されるべき価値観」として「十二の徳目（父母，兄弟，夫婦，朋友，自身の慎み，博愛，勉学，智能啓発，徳学，公益，責任，遵法）」が述べられていると強調する（桜井よしこ「祖国愛は不偏の価値」『毎日新聞』2006年4月15日）。しかしそうした徳目の総計として，この文書の肝心要のことが書かれていることまでは，決していわない。そのために読者は，原典にあたって調べてみておかないと，易々とミスリードされてしまうことになる。つまり，それは，このことである。

　「忠良なる臣民」であれば，戦争のときは天皇のために命を捧げるものだという，「最高の徳」を徹底する点のことである。また，それには天皇よりの顕彰が授けられることになる。

　原文ではこう書かれてある。「一旦緩急（かんきゅう：まさかの場合，戦争）あれば，義勇（人の道として，勇気をもって行なうべきこと）を公（天皇・国家）に奉（ほう：ささげて）して，もって天壌無窮（永遠につづくこと）の皇運（皇国〔天皇の国〕の運命）を扶翼（ふよく：任務がうまくいくように助けること）すべきである。このことは独り（ひとり：ただ単に）朕（天皇の自称：わたし）が忠良なる臣民（天皇に仕える者）であることだけではなく，そのことは汝（なんじ：同等以下の相手を指す語，おまえ）らの祖先の遺風（昔から伝わっている風習）の顕彰（世に知らしめて，たたえること）すること」になる。

参考文献

戸田山和久『論文の教室』NHK ブックス，2002 年

野矢茂樹『新版 論理トレーニング』産業図書，2006 年

愛敬浩二『改憲問題』ちくま新書，2006 年

終章　再び「公共性」を考える
─〈あとがき〉的覚え書き─

　私たちが非公式に「公共性」の重要性について話し合うようになったのは数年前のことである。〈はしがき〉にもあるように，折から京都にある佛教大学の制度再編にともなうカリキュラムの改正で，「公共の哲学」という講義科目が社会学部の新入生を対象として新設されることになった。この科目の必要性は最近の学生をめぐる状況を先取りしたものとして意義があったと考える。誰でもが直ちに頭に浮かぶであろう〈大麻問題〉をはじめとして学生あるいは大学の不祥事が後を絶たない現実は，我田引水かもしれないが，公共性にたいする人びとの注意をうながすこと，そして抽象的な論議ではなくて具体的な現実生活に基づいて考えかつ実行することを要請していると考えられる。

　私たちの周囲では，公共性に反するあるいは無視した出来事があまりにも多い。公共性について考えるとは，これまでの各章での展開によってもわかるように，すごくむずかしく考えたり，「公」の概念や「私」の概念，そしてその両者の関係などについて抽象的に考えたりすることではない。具体的に考えてみるならば，「公的領域」にも「私的領域」にも「公共」があるとともに，「反公共」として性格づけられる行為がきわめて多様に見いだされる。そこでごく当たり前に考えてみれば，いまさらあげなくてもよいとも思われる反公共の性格をもつものを簡単に確認しておくことにしよう。

　時にはひき逃げをもともなう飲酒運転や駐車違反は，触法行為である犯罪というよりは反公共として性格づけてよいと思う。ひき逃げはすべて捜査の対象になるが，飲酒運転や駐車違反はかならずしもそうではない。公共性の欠如という観点から捉えることが不可欠であろう。喫煙マナーについても似たような

ことを指摘することができる。最近，地下鉄のコンコースから地上へ向かうエレベーターで煙草に火をつけた男に注意すると，「ゴチャゴチャ言うな」と言って立ち去って行った。わずか 20 秒程度我慢すればよいにもかかわらずである（私自身は愛煙者なので必要と思われるマナーを遵守していると考えている）。私的と思われている生活での反公共のほんの少しの例にすぎないが，そこからは公共にふさわしい実行の必要性が容易にうなずけるのではないだろうか。やや範囲を拡げると，私的な経済的行為においても，反公共と見なされる例がしばしばマスコミ報道を賑わしている。食料品をめぐる産地詐称，消費期限詐称，原材料詐称などの例についてはあえて説明するまでもないであろう。

　加えて，日本では一般に「公」と見なされている領域にも反公共がかなり蔓延しているように思われる。とりわけ各級の行政機関における「公費」（＝国民の税金）の私的充当や「ムダ遣い」については，これまた連日といっても言い過ぎではないほどにマスコミ報道を賑わしている。いわゆる行政機関の「裏金問題」，給与の二重取りとも思われる諸手当，その他の公費のムダ遣いなどは，「白書」ではなくて「黒書」としてまとめて告発することができるほどに枚挙にいとまがない情況であり，最近ようやく対処の動きが出てきたにすぎない。その種の対処にたいする「公務員」の抵抗が強いともいわれている。さらには政治家の公約不履行も反公共的な行為として指摘しておく必要があるだろう。

　しかし他方では，新しい公共性を進める方向への動きもとりわけ地域では現れている。これまでの章で述べられている方向には，大抵の人は賛意を表するであろうと思われる。この章では，頭のなかだけでなく，そのような方向についての認識とそれに基づく実行を喚起したい。

1.　これまでの展開から

▼　具体的な再確認

　本を読むことや講義・講演を聴くことをめぐっては，その時には「なるほど

　「そうか」と受け止めるが，ほとんど実行しない，あるいはしばらくすると頭から消えてしまうことが最近では相対的に多いのではないかと思われる（これは私の体験・見聞による事実である）。本書のこれまでの展開でも読者あるいは聴講者は，多分「ああ，そうなんだ」と受け止めている人が多いのではないだろうか。さらに指摘するならば，『ああ，そうなんだ』という題名の雑誌まで出版されており，「ただ知るだけ」というスタンスを助長しているように思うのは，果たして私だけであろうか。そこで，単に「ああ，そうなんだ」というだけの受け止めにとどまらないでほしいという意図を込めて，本書の展開の大事な点を再確認することからはじめるが，重複を厭わないで述べたいと思う。

　序章では，公共について考えるにあたっての問題提起がなされている。すなわち，「公」と「私」のこれまでの一般的な意味の確認のうえで，具体的には京都の景観問題を取り上げて，「公」ではない「公共」に注目する必要性を喚起する。次いで，「公」と「公共」についてのいくつかの考え方を紹介し，その重要性を指摘するとともに，かならずしも一致した見方・考え方がないなかで，「新しい公共性の創造」に向けて，具体的現実にそくして考えかつなんらかのかたちで取り組む必要性が強調されている。

　そのような序章の問題提起を受けて，各章での「公共性」の展開について，再確認的意味で大事なポイントについて簡単に触れておくことにしよう。

　第1章は，日常生活を素材としていることが特徴であり，そこでの指摘についてはおそらく誰でもが体験したり見聞したりしているはずである。民主主義の基本である〈自己および他者を大事にする〉というスタンスで，そして〈自由・平等・友愛〉をばらばらにではなく3点セットとして受け止めることを強調し，日常生活における問題性が公共性と密接にかかわっていることに喚起をうながしている。公共性を追求するひとつの方向提示として，個の自立＝主体性の確立，連帯＝一緒に行なう人の輪を拡げること，の重要性を指摘している。

　第2章では，地域生活については多様な取り上げ方があるなかで，地域における「中間団体」，具体的にはNPOと協同組合を取り上げて，公共性との関

連で諸個人のかかわり方についていろいろな点から展開されている。とりわけ大事なことは，ともすれば「公共」という名のもとに個人が犠牲にされる可能性が往々にしてあるという意味では，「公」と「私」という矛盾（あるいは対立）が生じやすいなかで，中間団体の果たす役割が公共性との関連で重要であることに注意をうながしている。

　第3章では，同じく地域ではあるが，町内会を取り上げて新たな公共性を探るスタンスで展開されている。ここで詳しく述べる必要はないが，町内会の性格をめぐっては歴史的展開でも専門家の見解の間でも正反対とも思われる評価がある。そのような現状を背後において，住民を軸に（まさに公共性に着目して）実態も踏まえて考えることを通して，諸個人，住民組織，行政それぞれのあり方とそれらの関係とりわけ「参加」のあり方などを考えることによって，地域における新しい公共性の方向が具体的に提起されている。

　第4章では，具体的現実として企業が取り上げられている。企業におけるいわゆる不祥事の多発はほとんど周知のことであるが，人びとの日常生活に直接かかわる不祥事はまさに公共性が問われる問題といえよう。その場合考える必要があるのは，私的経済活動にも公共性が深くかかわっていることである。ここではどのように公共性にかかわっているかを指摘すれば際限がないので，そのような情況をもたらしたとも思われる規制緩和その他の政策に結びつけて，経済生活の現実を整理することを通して，私的経済活動と公共性について考える豊富な素材が提供されている。

　第5章では，社会福祉的視点から，憲法に明記されている最低限度の生活保障を前提としてセーフティネットに焦点を当てて，公共性との関連で新たな方向が追求されている。セーフティネットは歴史的には社会・生活の変化に応じて私的性格から公的性格へと変化し，いわゆる「福祉国家」論が登場するが，その後退によって第4章でも触れられている問題性に充ちた生活危機が拡大・表面化している現実を踏まえて，国家，社会，関係，個人のあり方の関連を理論的に整理することに基づいて，新たな「福祉国家」と新たなセーフティネットの構築の方向が提示されている。

　第6章では，教育と「日本人」という視点から公共性について述べられている。具体的には公共性をテーマとする講義経験を素材としているところに特徴がある。「新しい日本国民」がほとんど意識されないままで，教育（およびマスコミ報道）によって，為政者によってつくられていく危惧があるという講義にたいする学生の反応がいくつかのタイプ分けによって分析されている。〈教育勅語〉を知らない世代が多くなったこんにち，国民社会は国家とは異なることに注意をうながすかたちで，公共性を考えることを提起している。

　これら各章では，「公共性」についての厳密な合意形成がむずかしいと思われるので，執筆者の考える「公共性」に基づいて展開され，そして問題提起がなされているが，にもかかわらずある種の共通した考え方が見いだせるはずである。すなわち，繰り返しになることを承知でいえば，「公」＝「公共」ではないということ，「私」にも「公共」がかかわっていること，したがって，ほとんど常識化しておりあまり疑問視もされていない「公的」とされていることについて，具体的な施策や実態が果たして公共性に合致しているかどうかを問い直す必要があること，そして「新しい公共性」の創造が必要であること，あるいはその方向をめざすことの表明が各章でほぼ共通した考え方であり，大事なポイントとしてはっきりと再確認しなければならない。また私生活についても，社会（＝公共）とは全くかかわりがなく自由であることも問い直さねばならない。これまでの展開はそのような問い直しにあたっての具体的な素材の提供を意味する。

▼　追加的確認

　公共性について全面的に論じるならば，本書の少なくとも2倍の量が必要であると思われるが，これまでの展開はあくまでも導入的に喚起をうながすという程度にとどまっている。したがって，公共・公共性について考える具体的な素材は，これまでに取り上げられている日常生活，地域生活，企業，福祉分野，やや絞り込んだ教育といったことに尽きるわけではない。もし全面的に考えるとしたら，日本社会・日本人のあり方を含めてあらゆる社会分野について

取り上げて，それらの相互関係を組み立てる必要があることになる。ここでは，そのような方向を追求するための素材として，本書でこれまでに触れられなかった分野も含めてさらに追加的に若干の確認をしたい。そして公共・公共性についてより深める方向を探るひとつの試みを示すことによって，このテーマが理論的にも実生活においても今後より豊かになる契機となればよいと考えている。

「公共性」についてはいわゆる「市民」との関連において多様な理解の仕方があり，このテーマについての専門家の間でも一致した見解はまだないといえるだろう。しかも「市民」および「市民社会」についての論議も多様であり，かならずしも合意があるとはいえないようである。ここではそのような論議には深入りしないで，「市民として」生活することが「公共性」と不可分であること，あるいは「公共性」抜きには「市民社会」はあり得ないということを押さえておけばよいであろう。

その上で，公共性について追加的に考えてみるならば，以下にあげるような社会分野をも視野からはずすことができないといえよう。これまでの展開から明らかだと思われるが，公共性とは日常生活から積み上げていく性格のものだということを，ごく一般的に確認できるはずである。ところが考えてみると，その積み上げが現在の日本社会ではいささか乏しいのではないだろうか。以下，考えるにあたって欠かすことができないと思われる生活・社会分野について，簡単に補っておくことにしよう。

教育あるいは学校のあり方を，公共という視点から問い直すことがきわめて重要である。これまでのこの分野についての論議は，政府の政策的ぶれに象徴されているように，学力重視か「ゆとり教育」かという片方に傾斜するという性格が濃厚であるように思われる。しかし，どちらに重点をおくにしても，そのような教育を通して公共（＝生活・社会のあり方）への関心をうながし，そのように方向付けることが教育の底流に一貫して流れていることが必要である。それは単なる知識を得るということだけにとどまらない教育活動を意味する。

　経済については，いわゆる経済成長や格差問題を軸に論じられることが圧倒的に多いようである。そのことの重要性をいささかも否定するものではないが，すでに若干は触れられているように，詐欺的な経済活動が増加している現在，公共という視点から企業活動を照らしてみることが重要になっていると考えられる。第4章でも触れられているが，資本主義経済のもとでは利益の追求は当然であるが，利益の追求の仕方について具体的にかなりつっこんで考える必要が出てきている。詐欺的経済活動は論外として，景気循環のもとでの企業の経済活動のあり方は，生産者としての従業員と購買者としての国民にどれだけ資することができるかを，経営的観点であってもトータルに考えることが公共性という視点からは重要なのではないだろうか。加えて労働組合のあり方もまた問われることになるであろう。とりわけ労働組合の全国組織（例えば「連合」などを想起せよ）の指導層においては，傘下の組合員だけでなくその他の労働者にも資するような運動のあり方が，公共性に結びつく方向で問われている。その意義については，最近の「非正規従業員」問題を想起すれば容易にうなずけるはずであり，労働組合における公共性として論議する重要な課題ではないだろうか。

　政治・行政の分野こそが「公」という名目でいろいろな政策・施策がなされている分野なので，とりわけ公共という視点から注目することが不可欠な社会分野である。ここでの公共とは国民生活に資することを意味する。リンカーンの言葉を借りるならば「国民の，国民による，国民のための」政治・行政こそが公共に値する「公」のあり方であろう。この分野では，1945年の敗戦以前は「臣民」の上に立つ「官吏」であったものが，「公務員」へと変わったにもかかわらず，多くの国民にはまだ「官吏」という存在として無意識の内に根強く残っているようである。例えば「定年退官」・「官費」・「官民共同」などという言葉を公務員とは無関係な人たちまでがさらりと使っていることをあげることができる。「公務員」は公僕なのであり，国民に奉仕する存在のはずである。最近とりわけ問題視されるようになっている「公費＝国民の税金」問題をめぐっては，公費とは公務員が自由に使うお金ではなくて，国民のために使うこと

を付託されたお金なのである。公費のそのような使い方が公共のための使い方にほかならない。現実がかならずしもそうでないことは，最近ではほとんど周知のことであるが，そのような意味では政治の役割がきわめて重要である。政治はそのような使い方を方向付ける性格であるが，果たしてどうであるかはまさに公共性の問題にほかならない。例えば政党助成金といった公費についてはその使途の公表などによって公務員に手本を示すことなどが考えられる。その意味では単に政治に関心をもつという程度ではなくて（関心をもたない者は論外である），具体的に考えることが大事になってきている。

　さて，本書では序章で手がかりとして景観問題に触れられているだけだが，新しい領域として環境と公共性への着目がとりわけ重要になってきているのではないだろうか。ある意味では環境問題は公共性問題そのものであるともいえるであろう。環境問題はいわゆる「地球環境問題」の進展を契機としていろいろな点からクローズアップされており，「エコ」は今や流行語の感すらある。その重要性を一般的に否定するものではないが，「エコ」と叫んでいれば事足れりでよいのであろうか。ここでは詳しく展開する準備がないが，個人生活，集団・経営体，政治・行政さらには各種イベントのあり方（例えば超豪華なイルミネーション），さらには「公費」の使い方も含めて，公共という視点からトータルに検討することが必要になっているので，今後の論議の前進を期待する問題提起としたい。

　そして，上記すべてにかかわるものとしてマスコミをあげることができる。「新聞は社会の公器」などともいわれているが，言葉の正しい意味ではまさに公共性を代弁するものとして性格づけられる。果たして実際にはどうであろうか。新聞・テレビの報道のすべてとはいわないが，このことがどれだけ意識されているか疑問に思われる報道が認められることを，マスコミ関係者は自信をもって否定できるであろうか。経営的観点からすれば，スポンサーの存在もかかわって視聴率が大きな位置を占めていることがわからないわけではないが，すべての番組とはいわないまでも，例え一つであろうとも視聴率に左右されないような制作ができないのであろうか。例えば，ある政策の問題性やその他い

ろいろな問題現象が大きくクローズアップされてからにわかに活発に報道されることが多いように思われるが，国民の注意をうながすという意味では，その発端から取り上げる，しかもある程度継続して取り上げる（巨大なマスメディアの情報網では可能なはず）というスタンスも必要なのではないだろうか。もうひとつ付け加えるならば，国民にとって（＝公共的に）大事な問題であっても，新たな問題が出てくると報道の焦点が次々に動いていく傾向が支配的であることによって，前の重要問題が置き去りになる（あるいは忘れられる）という結果になるのではないだろうか。

2. 「公共性」についての課題

▼ 民主主義を軸に課題を考える

　公共・公共性をめぐっては，考えたりあるいは実行を迫られている具体的な課題はあまりにも多い。ある意味では，これまでに展開されていることを全面的に現実化することがすべて課題であるといえるであろう。しかし，それでは課題について何もいわないに等しいので，先に一定の整理をして再確認したとはいうものの，単純に考えるとバラバラに受け止められるか，何から手をつけてよいかわからないことになるとも思われる。

　ここでややレベルアップして，この問題を論じる時に多く登場するハーバーマスの見解について簡単に触れておくことにしよう。専門家たちが公共性について論じる時には，ハーバーマスに触れられる場合が多い。なぜか？　彼は『公共性の構造転換』という本を書いて「公共圏」の拡大について歴史的に展開し，公共性についての考え方について整理する手がかりを提示したからである。しかも，公共性と民主主義とが密接にかかわっていることが彼の見解からみてとれるのである。彼によれば，「お上」としての公的なものにたいして，自由なコミュニケーションとして宮廷や貴族のサロンが「公共圏」として現れ，やがて市民階級の勃興にともなって「公共圏」は街のカフェや集会所へと拡大し，さらには新聞などによる言論空間の拡大へと進むことを通していわゆ

る政治的公共性が登場し拡大することになる。そのような近代の公共性（＝市民的公共性）が政治とかかわる「公共圏」の拡大として現象するとはいうものの，当初は財産と教養を有する層に限定されているという点ではまだ狭いものであった。この狭い市民的公共性は，排除されていた労働者階級などの一般大衆から批判され，さらに「公共圏」の拡大が進むことになるが，マスメディアの発展にともなって，いわゆる大衆化状況との関連で「公共圏」におけるコミュニケーションのあり方が問われることになり，現在もその情況は存続している。

　ハーバーマスの見解はひとつの見方ではあるが，このような「公共圏の拡大」は政治参加という意味での民主主義の前進・拡大と軌を一にしていると理解することもできるであろう。「公共圏の拡大」という歴史的進展はその通りであろうが，「公共性とは何か」という問いにはハーバーマスはかならずしも明確には答えていないと思われる。

　そこで整理して考えてみると，「公共性」についての一般的課題がいくつか浮かび上がってくる。簡単に並記すると，やや繰り返しになるが，民主主義と不可分であることから，政治分野にかぎらず生活・社会のあらゆる分野で民主主義の実質化を追求するという課題があるといえるであろう。次に，ハーバーマスが重視しているコミュニケーションのあり方については，民主主義とかかわらせて考えるならば，「コミュニケーション」概念を言論だけにとどめない考え方が必要なのではないだろうか。私は「交通」概念を使って考えてはどうであろうかといいたいのである。最近はあまり論じられなくなったが，わかりやすくいえば，「交通」とは人，物，意識の動き（あるいは伝達）を意味する。一般に受け止められているコミュニケーションとは，言語による意識の動きの現れであり，「交通」現象の一部分なのである。

　いささかむずかしいことを述べたが，民主主義を軸にして公共性を考えるには，そのような原理的な見方が必要であるということに注意をうながしておこうと思ったからである。そうすると，次にあげる具体的課題の多くがこのような原理から考えることができるということがうなずけるのではないかと思う。

さらには，最後の項とも不可分であることがわかるはずである。言語によるコミュニケーションによって何事かについての合意形成は可能である。しかし，合意形成で事足れりとするのではなく，それを現実化するにはさまざまな「交通」が必要なのではないだろうか。わかりやすい例を示しておこう。複数の国による合意として「○○宣言」がなされたということを報道で知ることができる。しかし，その宣言がどれだけ現実化しているであろうか。こじつけに聞こえるかもしれないが，「○○宣言」の現実化に具体的に取り組むことが公共性の前進の典型的な例だといえよう。その意味では，日本社会にかぎらず世界のあらゆる問題で公共性が問われていることになる。

▼ 若干の具体的課題

　いささか抽象的・原理的な考え方について述べたので，課題について少しばかり具体的に考えることにしよう。すでに再三述べているように，「公共性」については本書の各章で述べられていることだけではなく，さらに多様な見解がある。しかしながら，多様な諸見解にも一定の共通した点もあることは確かである。公共性については，いわゆる「公」と「私」という対抗関係を含んだこれまでの考えとは違って独自に考える必要があることを，くどいようだが大事なこととして再確認しておきたい。

　さて，公共性をめぐる課題については幾つかのレベルで考えることが想定されるが，いきなり抽象的・一般的に考えるのではなく，本書の展開の仕方に示唆されているように，まずは身近なところから考えていくことが大事である。公共性が大事であることが頭のなかではわかっていても，抽象的・一般的に示すと，大抵の人はどんなことに着目するか，何をするか，何ができるかが具体的にはなかなかわからないであろう。そこで重複を厭わずに，具体的な課題との関連で簡単に示すことにする。なぜ課題であるか，なぜ問い直す必要があるかについてはこれまでの展開からわかるだろうから，繰り返さない。以下はなんらかのかたちで「実行」に結びつける必要がある事柄である。ここでは十分には展開しないで，考える素材としていくつかの具体的課題を並列的にあげる

ことになるが，そのような課題に具体的にどのように対応するかは，それぞれが考えて実行することである。

　日常生活の現実的軸でもある家族生活は確かに私生活ではあるが，公共性を身につける人間形成，そしてそれに基づく関係のあり方を身につける基本的な生活の場である。これは単に子どもだけの問題だけでなく成人にも該当する問題でもある。その意味では，一方では民主主義に則った平等が貫かれるとともに，他方では〈支配 ― 被支配〉関係ではない〈指導 ― 被指導〉関係を適切につくるという課題が重要である。

　地域生活では，すでに2つの章で展開されているが，地域にかかわる諸問題に平等に参加することのあり方を追求することもさることながら，主体的に参加することが地域住民すべてにとっての重要な課題であることを強調したい。このことは地域生活の向上に資するということにとどまらず，公共性と主体性を結びつける人間形成・関係形成として，家族における人間形成・関係形成とは異なるより広い意義をもつものである。

　その他の集団・組織についても，上と同じような課題があることを指摘しておこう。第2章と第3章では地域におけるNPO，協同組合，町内会が取り上げられているが，それらの集団・組織に限らず，小はサークル・同好会などから大は全国組織（さらには国際組織）にいたるまで，公共性と主体性を軸とする関係をどのように考え，そしていかに民主的に形成し発展させるかが現在ではきわめて重要な課題になっている。

　経済にかかわらない生活はほとんどあり得ないであろう。その意味では経済分野における公共性の追求はきわめて重要な課題であるといえよう。しかし，資本主義社会では多くの経済活動は私企業による利益追求という私的活動としての性格をもっている。したがって，公共性とどのようにかかわるかはきわめてむずかしい問題である。企業主などが何か慈善的な活動をすることが「公共に資する」という狭い理解にとどまらないで，最初に簡単に指摘したように，誰の目にも反公共と見える経済活動をどのように阻止するかが問われることになるとともに経済活動の主体のあり方もまた問われることになるであろう。

　これまでも再三指摘しているように，政治・行政はマクロな社会的条件としてはもっとも公共性が要請される分野であり，政治家や公務員のあり方の重要性はいくら強調しても強調しすぎることはないであろう。すぐあとで述べるように，ここであげていることは相互に関連しているが，政治・行政のあり方はすべての分野に関連している。新たな制度・政策の決定を含む制度・政策の改定において常に問われるのは，それを担う人たち＝政治家・高級官僚がきちんと遂行する（運用する）かどうかということであり，公共性に則った活動であることが鋭く問われるであろう。その点では，実行主体のあり方と国民の監視（点検）をいかに追求するかという課題の大事さを強調したい。

　マスコミ・文化の分野もまたすべての生活・社会と関連している分野である。この分野では「公的」とも思われる活動と私的な活動の区別が曖昧なままで混在しているだけでなく，いわゆる表現の自由もからんでいるという厄介な問題が含まれている。したがってこの分野では活動主体が公共性をどれだけ自覚するかという課題を当然あげることができる。加えて指摘したいのは，この分野独自の公共性の基準を一般的に追求するだけではなく，あたかも裁判における判例にも似て，公共性にかかわる具体的なケースへの対応を積み上げていくことによって基準を豊かにしていくという課題があるのではないだろうか。

　以上簡単に指摘したように，あらゆる生活・社会分野で公共性のあり方が問われているが，公共性を前進させるにあたってとりわけ大きな位置を占めているのは，いろいろなレベルでの指導層である。これには，政界，経済界，学界，教育界，マスコミ関係層のリーダー的存在にとどまらず，大小の集団・組織のリーダー的存在も含まれる。しかも公共性の減退については上にあげた存在の責任がきわめて大きいように思われる。では，それぞれが襟を正したらよいのかといえば，それほど単純ではない。ここではやや並列的に述べたが，実際には上にあげた諸課題が個々バラバラにあるのではない。例えば，企業と政治・行政との癒着，教育は行政抜きには考えられないこと，マスメディアそのものがほとんど私企業として存在していること，その他このような相互関連は多数ある。指摘した2つの分野の関連だけでなく，相互関連はさらに複雑であ

る。

　それらの相互関連を組み立てることはきわめてむずかしい問題であるが，具体的現実が多様で複雑なので，頭で考えただけではわかりにくいこと，しかもかならずしも生産的な方向へ進むとはかぎらないことを指摘したい。いわゆる「専門家」がむずかしく論じることについては，考えるためのそして具体的に活用するための参考として受け止めればよいのではないだろうか。すでに若干は触れているが，これについての考え方の合意はまだないのが現状である。とするならば，もっとも肝要であると思われる「実行」について喚起をうながすことで結びたいと思う。その意義について追加して指摘するならば，例えば地域における公共性を実際に追求するならば，多くの場合何らかの障碍（＝矛盾）にぶつかるであろう。つまり「実行」による矛盾・問題・壁にぶつかることを通してはじめて他の分野との関連（反公共的な社会的条件との矛盾に充ちた関連）が具体的にみえてくるはずである。

▼　実行が最重要

　公共性をめぐってはこの章も含めていろいろと展開してきたが，小は日常生活からはじまって大は政治・経済にいたるまで，それほど特別なことが述べられているわけではない。ある意味ではごく当たり前のことであり，多くの人びとには「頭のなか」では充分にわかっていることかもしれない。にもかかわらず，公共性との関連でいろいろな社会分野で「不祥事」（公共性に反すること）が絶えないだけでなく増加傾向にあるのはなぜだろうか。

　これまでの展開で明らかように，そして原理的な考え方で若干は示唆したように，人間生活にとって公共性が大事だと頭で受け止めるだけでなく，実行することの重要性をとりわけ強調したいと思う。実行するというごく当たり前のことは，二つの意味で重要である。すでに原理的にも示唆しているが，実行がなければどんなすてきな考え（あるいは合意形成）も絵に描いた餅である。これまでの本書の展開では沢山のことを理念的なことを含めていろいろと述べられている。考えてみると，前の項で述べたように，すべての生活・社会分野に

おいて余りにも多くの課題が私たちの前に横たわっている。そうすると、「そんなことができるわけがない」あるいは「そんなに沢山はできない」という反応が当然あるであろう。ここに多くの人びとが実行に踏み出せないような呪縛がある。

　そこで私はもう少し気軽な発想に変えることを表明したい。「公共性」問題にかぎらないのであるが、あまり盛り沢山に考えたり、自分のもっている知識を総動員して何かをするという発想から抜け出すことが大事である。私自身も学者の端くれであるが、よく耳にすることは「学者先生の言うことは理屈が通っているかもしれないが実際にはそうはいかない」ということである。多分そうであろう。具体的に何かを実行しようとすれば、使える知識はごく一部分であり、しかもそれほど「高邁な」知識ではない。私はこれまでも時々は表明しているが、〈できることから実行しよう〉ということである。誰かひとりが一歩踏みだせばよい。そのような人が多くなればよい。

　人間はその気になれば公共性の前進に向けて何かができるはずである。家族での接し方をほんの少しだけ変えること、学校での関係のあり方を身近なところから少しだけ変えること、「現金勘定」だけでない生活をできる範囲で追求すること、地域の行事に1年に1回でも参加すること、その他あげればいくらでもある。そしてその場合に大事なことは、自分が考えるかぎりでの公共性に則っていること、これまでしばしば出てきているようなできる範囲での主体性の発揮とこれまた可能な連帯の追求である。主体性の発揮とはとにかく自分で考えて外部への働きかけを自分で決めて実行することである。連帯とは何かを一緒に実行する関係を作り拡げることである。

　上に述べたことは実は人間として当たり前のことなのである。しかし、次にあげる例でもわかるように、主体性と連帯が最近の大学生には乏しくなっており、大学側の対応もきわめて不充分になっているのではないだろうか。「独創力」と「突破力」をテーマとしたテレビ番組から拾ってみた。まず「独創力」をテーマとした大学の例、ひとりの女子学生の発言では、どうしてこの大学に入学したかということについて、「何かを一緒にやる人が見つかるかもしれな

いと思った」と彼女は言う。しかしそれだけで，話が全く違ったところへ移ってしまった。一緒にやる（＝連帯）まではよいのだが，「見つかる」ではなくて「見つける」という主体性の発揮が大事なのであり，大学はそのような人間形成の場ではないだろうか。ひな壇にいた4人の教授の誰かからそれを指摘する発言があるのではないかと期待していたが，違った話へと移行したままでその問題は消えてしまった。「突破力」をテーマとした大学ではテーマの周辺をうろうろするような発言ばかりだった。

　大学教授とは学生の前進を少しでも方向づける存在ではないだろうか。上の例に示されているように，二つの大学の「論議」ではほとんどそのような発言がなかった。「独創力とは，好きな道に長い間継続して取り組む積み重ねによって生まれるものである」というひとりの教授の発言があったが，そのような的確な発言はほとんどなかった。ほんの一例にすぎないが，テレビ番組のつくり方，大学教授のあり方が問われているのではないだろうか。民主主義に基づく公共性の前進の方向とは，それぞれの人たちが主体的に生きるスタンスをもつこと，そしてひとりではなくて可能な範囲で連帯して（＝一緒に）何かを行なうことではないかと思う。しかし，現在の日本社会では「ジコチュウ」と見なされる現象・行為がきわめて多いと同時に，ややむずかしい表現になるが「疎外的存在」として惰性的に生きている人間もまた多いのではないだろうか。惰性的に生きるだけでは主体性が前進しないだけでなく変化の激しい社会に適切に対応できないのではないだろうか。ややむずかしく表現すると，人間は即自的には「実践的惰性態」であるというある哲学者の見方を採用すれば，そこから主体的にいかに抜け出すかが問われるのである。

　これまでの展開からある程度はわかるであろうが，公共性という視点から現在の日本社会について考えると，好ましい方向への取り組みが若干認められるにしても，「出口」なしとも思われる閉塞情況にいささか絶望的とも思われるかもしれない。しかし，

〈教育とは希望を語ることであり，誠実を胸に刻むことである〉

　これが，教育にかかわる私たちの一貫したスタンスでなければならない。

現在，大学を含めて多くの教育機関では，そのような教育にたいするスタンスが乏しくなっているのではないだろうか。教育者自身が未来への展望＝希望を堅持しなければならない。友愛（これが連帯を拡げる要）に結び付く誠実を自らの生きるスタンスとしなければならない。教育者の多くがそのような生きるスタンスをもつならば，未来への好ましい展望が見えてくるのではないだろうか。公共性について考えることは，その好材料のひとつであると思われる。

　では希望はどこにあるだろうか。希望は日本人一人ひとりの生き方のなかに求めることができる。閉塞情況は座して待っていても打開できないのであって，自分の実生活がかかわる身近なところから，可能な範囲で変えていくこと，そのような生き方へ自分を変えていくこと，そこに希望がある。それは人間としての主体的営みである。しかもひとりではむずかしいことを一緒に行なう人をみつけて連帯して実行することが大事である。誠実とは連帯のベースである。はじめはささやかな実行であったとしても，連帯という輪を継続して少しずつ拡げていくならば，やがては新たな変革へのうねりになるであろう。これまでの展開でもしばしば述べられているように，「新しい公共性」の創造がそのようなかたちで前進するならば，「閉塞情況」の突破口の大きな契機のひとつになるであろうことを信じて，一緒に考えかつ納得できることから実行していくことが大事である。

編者紹介

飯田哲也（いいだ・てつや）

1936年	富山県生まれ
1969年	法政大学大学院社会科学研究科 社会学専攻博士課程満期退学
現　在	文学博士　京都舩岡塾塾長　中国人民大学客員教授
著　書	『家族の社会学』ミネルヴァ書房　1976年
	『テンニース研究』ミネルヴァ書房　1991年
	『現代日本生活論』学文社　1999年
	『社会学の理論的挑戦』学文社　2004年
	『現代日本社会論』学文社　2008年
	『現代日本の社会学史』学文社　2014年
編　著	『新・人間性の危機と再生』法律文化社　2001年
	『「基礎社会学」講義』学文社　2002年
	『現代社会学のすすめ』学文社　2006年
	『豊かさと地域生活』窓映社　2006年
	『現代中国の生活変動』時潮社　2007年
	『保育の社会学』学文社　2014年

浜岡政好（はまおか・まさよし）

1942年	中国東北生まれ
1973年	中央大学大学院文学研究科社会学専攻博士課程満期退学
現　在	佛教大学社会学部教授
著　書	『新・人間性の危機と再生』（共編）法律文化社　2001年／『孤立化すすむ生と死―阪神淡路大震災・震災復興公営住宅入居者生活実態調査報告集』（分担執筆）2001年
	『応用社会学のすすめ』（共編）学文社　2000年

公共性と市民〔第三版〕

2009年4月30日	第一版第一刷発行
2017年3月1日	第二版第一刷発行
2020年3月30日	第三版第一刷発行

編　者	飯　田　哲　也	
	浜　岡　政　好	
発行所	株式会社　学　文　社	
発行者	田　中　千津子	

東京都目黒区下目黒3-6-1
〒153-0064　電話（03）3715-1501（代表）　振替00130-9-98842

乱丁・落丁本は，本社にてお取替え致します。印刷／東光整版印刷㈱
定価は，カバー，売上カードに表示してあります。〈検印省略〉
ISBN978-4-7620-2983-7
©2020 IIDA Tetsuya and HAMAOKA Masayoshi
Printed in Japan